ビジネスのための
コンピュータ
教科書

Mutoh Akinori
武藤明則 [著]

同文舘出版

はしがき

　今，企業の情報システムは転換期にある。それは，1つには企業を取り巻く環境の大きな変化によってビジネスのあり方が変革を迫られているからであり，もう1つにはコンピュータに代表されるICT（情報通信技術）が急速に発達・普及しているからである。コンピュータなくしてビジネスを変革することは不可能であり，そのための情報システム（情報処理の仕組み）をいかに構築するかが課題になっている。

　今求められているのは，コンピュータを武器としてビジネスを変革できる人材である。しかし，コンピュータを学ぼうにも適切な教科書がないのが現実ではないだろうか。書店にはコンピュータのコーナーがあり多くの書籍が並んでいるが，ほとんどがハウツー本か高度な専門書である。初めてコンピュータを学ぶ人にとって必要かつ十分な内容の標準的な教科書をつくることができないか。それが本書の執筆動機である。

　本書は前著『経営情報システム教科書』をベースにしている。前著の目的は，ビジネスの理論と実践を統合することにより「経営情報システム」の標準的な教科書をつくることであった。幸い，多くの大学で教科書や参考書として採用され，当初の狙いが正しかったことを確信できた。しかし，前著は紙幅の制限もあり，説明が必ずしも十分ではないところがあった。そこで今回，前著を「コンピュータ関連技術」と「ビジネスへの応用」とに2分割し，大幅に加筆することにした。本書はその前半であり，後半は『ビジネスのための情報システム教科書』として近刊の予定である。

　本書は，初めてコンピュータを学ぶビジネスパーソンや大学生を想定している。筆者の約40年にわたるコンピュータの実務と教育の経験をもとに，ビジネスに必要なコンピュータの知識を基礎から最新動向に至るまで体系的かつ分かりやすく解説するよう努めた。本書によって一人でも多くの人がコンピュータを自分のものにしてビジネスに成功されることを願ってやまない。

　最後に，出版の機会をいただき，数多くのご支援をいただいた同文舘出版株式会社に深く感謝申し上げたい。

2014年2月

武　藤　明　則

目次

第Ⅰ部　問題解決とコンピュータ

第1章　問題解決と情報処理 …………………………………… 2
第2章　情報通信技術とコンピュータ ………………………… 10

第Ⅱ部　情報の表現

第3章　デジタル情報 …………………………………………… 22
第4章　数値・文字の表現 ……………………………………… 30
第5章　画像・音の表現 ………………………………………… 41

第Ⅲ部　コンピュータの仕組み

第6章　ハードウェアとソフトウェア ………………………… 54
第7章　パソコンのハードウェア ……………………………… 65

第Ⅳ部　コンピュータによる情報処理

第8章　アルゴリズム …………………………………………… 78
第9章　プログラミング ………………………………………… 88
第10章　ファイルとデータベース ……………………………… 97

第Ⅴ部　コンピュータネットワーク

第11章　コンピュータネットワークの基礎 …………………… 116
第12章　インターネット ………………………………………… 129

第Ⅵ部　情報システム

　　第13章　情報システムの基礎 …………………………… 146
　　第14章　情報システムの開発 …………………………… 159
　　第15章　情報システムの動向 …………………………… 172

要点整理解答 ……………………………………………………… 191
練習問題解答 ……………………………………………………… 195
索引 ………………………………………………………………… 201

第 I 部 問題解決とコンピュータ

　私たちは毎日さまざまな問題を解決しながら暮らしている。問題解決のためには情報が必要であり，色々な情報を処理した上で解決策を検討・評価することが大切である。コンピュータと通信技術の発達は，情報を記録・伝達するための新しいメディアを誕生させ，問題解決における情報処理（情報の加工，記録，伝達）のあり方を大きく変えた。

　コンピュータはハードウェアとソフトウェアによって構成され，情報処理の手順をあらかじめプログラムとして記憶できる点が大きな特徴である。最初のコンピュータは1940年代に開発されたが，コンピュータを構成する素子などの発達により，高性能化，小型化，低価格化が進められてきた。今日では，企業の業務処理から家電製品のような機器の制御まで，幅広い分野で利用されている。

第1章
問題解決と情報処理

本章の要約

① 一般に，問題解決は，「問題の明確化」，「情報の収集」，「情報の加工」，「解決策の検討・評価」，「解決策の実施」というプロセスで行われる。実施に移す解決策を選択することを意思決定という。

② 問題解決を図るために情報処理（情報の加工，記録，伝達）が行われる。企業のように多くの人が協力しながら問題解決を図るには，人と人が情報を相互に伝達するコミュニケーションが大切になる。

③ 情報を記録したり伝達したりするための手段，表現方法，媒体をメディアという。コンピュータと通信技術の発達によって，新しいメディアが誕生し普及している。

1 問題解決

　私たちは毎日さまざまな問題を解決しながら暮らしている。今日一日何をするかを決めることは日々行っている問題解決であるし，今度の連休にどこかへ旅行したいと思えば，限られた予算の中で行き先を決めて旅行することも問題解決である。このように，私たちは，意識しているかいないかにかかわらず，日々色々な問題に直面し，それに対する解決策を考えた上で，最もよいと思われる解決策にそって行動している。

◇問題解決のプロセスと意思決定

　一般に，問題解決は，「問題の明確化」，「情報の収集」，「情報の加工」，「解決策の検討・評価」，「解決策の実施」というプロセスで行われる。いくつか考えられる解決策の案の中から，実施に移す解決策を選択することを意思決定という。

図表1-1 問題解決のプロセス

プロセス	説明
問題の明確化	何が問題になっていて，問題解決の目的は何か，時間や費用などの制約条件はあるのか，といったことを明らかにする。
情報の収集	解決策を検討・評価するのに必要な情報を収集する。
情報の加工	収集した情報を表のような形に整理し，計算やグラフ化などの加工をする。
解決策の検討・評価	加工した情報をもとに解決策を検討し，どの解決策が最も目的や制約条件を満たすかを評価した上で，実行に移す解決策を選択する。
解決策の実施	解決策を実施する。

◇デジタルカメラ購入の例

デジタルカメラの購入を例にして，問題解決のプロセスを具体的に考えてみよう。

① 問題の明確化

夏休みに友人と旅行をすることになったので，記念となる写真を撮るためにデジタルカメラを購入したいと思ったとする。このとき，問題解決の「目的」は旅行の写真を撮ることであり，「問題」は写真を撮るためのデジタルカメラを持っていないことである。機種を選定・購入することによって問題は解決するが，デジタルカメラの性能（画素数など）や価格などが問題解決の「条件」になる。

② 情報の収集

次に，お店へ行ったりメーカーのホームページを見たりして，どのような機種があるかを探し，それぞれの機種の性能や価格などの情報を集める。すでにデジタルカメラを使っている人がいれば，機種選定のアドバイスをしてもらうのも役に立つだろう。画素数のような性能についての情報はカタログやホームページから収集することができるが，操作性やデザインは店頭で実際の商品を見ながら操作してみないと判断が難しい。

第I部　問題解決とコンピュータ

③ 情報の加工

収集した情報を整理して，次のような比較表を作成する。

	デジカメA	デジカメB	デジカメC	デジカメD	デジカメE
価格	￥37,000	￥32,000	￥21,000	￥7,800	￥14,000
画素数	約1600万	約2000万	約1800万	約1000万	約1400万
光学ズーム	40倍	30倍	20倍	3倍	5倍
手ぶれ補正	○	○	○	—	○
重量	600g	250g	180g	100g	90g

比較表をもとに価格や性能（機能性，画質）を評価したり，店頭で操作してみて操作性やデザインを評価した結果より，評価表を作成する。

評価項目	デジカメA	デジカメB	デジカメC	デジカメD	デジカメE
価格	1	1	2	4	3
機能性	4	3	3	1	2
画質	3	4	3	1	2
操作性	1	3	4	3	4
デザイン	2	2	4	2	3

4点　大変よい　　3点　よい　　2点　あまりよくない　　1点　よくない

④ 解決策の検討・評価

各評価項目をどの程度重要視するかを決めた上で，それぞれの機種を総合評価する。例えば，評価項目ごとに重要視する程度に応じて0から1の範囲で重みづけを行い，評価表の評価結果に重みを掛け合わせたものを機種ごとに合計して総合評価とする。このとき，評価項目ごとの重みの合計が1になるようにする。この総合評価表を参考にしながら，購入する機種を決める。

評価項目	重み	デジカメA	デジカメB	デジカメC	デジカメD	デジカメE
価格	0.3	0.3	0.3	0.6	1.2	0.9
機能性	0.2	0.8	0.6	0.6	0.2	0.4
画質	0.3	0.9	1.2	0.9	0.3	0.6
操作性	0.1	0.1	0.3	0.4	0.3	0.4
デザイン	0.1	0.2	0.2	0.4	0.2	0.3
合計	1	2.3	2.6	2.9	2.2	2.6
順位		4	2	1	5	2

⑤ 解決策の実施

選定した機種を購入し，旅行に行く。

> **例題1-1　問題解決のプロセス**
> 次の文章は問題解決プロセスのどのステップに該当するか。
> 　「連休に旅行を予定している。行き先と経路を比較検討できるように，費用や時間などの情報を表にまとめた。」
> 　　　　　　　　　　　　　　　　　　　　　答え　情報の加工

❷ 情報処理とメディア

◇情報処理

　私たちは問題解決を図るために色々な情報を取り扱う。情報の取り扱いには加工，記録，伝達があり，これらを情報処理という。デジタルカメラの購入の例でいえば，製品カタログやメーカーのホームページに「記録」されている情報を，お店やインターネットで入手（「伝達」）して，比較表や評価表などに「加工」する。

　私たち個人と同様，企業も色々な問題解決とそれに必要な情報処理を行っている。例えば，コンビニエンス・ストア（以下，コンビニという）では，弁当を仕入れるために，それぞれの弁当ごとの販売実績や天気などの情報を「記録」し，これらの情報をもとにどのくらい売れそうかを予測（「加工」）した上で仕入数量を決め，弁当の製造メーカーに「伝達」する。企業の場合，多くの人が協力しながら問題解決を図る。そのために，人と人が情報を相互に伝達するコミュニケーションが大切になる。

> **例題1-2　情報伝達の手段**
> 遠方の人に情報を伝達する手段にはどのようなものがあるか。
> 　　　　　　　　　　　答え　電話，手紙，電子メール，FAXなど

◇情報とデータ

　情報の意味を国語辞典の『広辞苑』で調べてみると，
　　①あることがらについてのしらせ
　　②判断を下したり行動を起こしたりするために必要な，種々の媒体を介しての知識

とある。①の意味の情報をデータと呼んで，②と区別することがある。同じデータであっても，問題解決に利用しようとする人にとっては意味や価値を持つので情報であるが，利用しない人にとっては情報であるとはいえない。また，データを加工することによって情報になることもある。デジタルカメラの購入の例では，店頭で収集された性能や価格はデータであるが，これらを加工した比較表や評価表は問題解決にとって意味を持つので情報であるといえる。

　データあるいは情報には次のような特徴があり，物理的なモノとは大きく異なる。

- データそのものには価値はなく，問題解決と結び付けられてはじめて価値を持つ情報になる。
- 形がないため，記録や伝達をするにはメディアが必要になる。
- 何回利用したり複製しても，増えたり減ったりしない。
- 同じ情報（データ）を2回受け取っても受け手の情報は増えない。
- 情報（データ）と情報（データ）を連結することによって新しい意味の発見が行われることがある。例えば，コンビニでは，商品の陳列場所と販売数量という2つのデータを連結することによって，どこに陳列すればよく売れるかということを判断している。

◇メディア

　情報（データ）を記録したり伝達したりするためのメディアには，一般に3つの意味がある。1つ目は情報の「伝達手段」としてのメディアであり，新聞，テレビ，ラジオ，電話などがある。同じニュースを伝達するにも，色々な手段があるのである。2つ目は「表現方法」としてのメディアであり，表現メディアという。具体的には，文字，音声，図表，写真，映像などがある。同じニュ

ースであっても，新聞は文字や写真によって表現するし，テレビは映像と音声によって表現する。3つ目は情報を記録・伝達するための物理的な「媒体」としてのメディアである。これには，記録メディアや通信・放送メディアがある。記録メディアは紙，CD, DVDのように情報を記録するための媒体であり，通信・放送メディアはテレビやラジオなどで利用されている無線回線のような通信・放送用の媒体である。

　コンピュータと通信技術の発達によって，今までになかった新しいメディアが誕生し普及している。例えば，インターネット上のホームページや電子メールは，世界中の人々に瞬時に情報を伝達する「手段」になっている。従来のメディアは，新聞が文字と写真とでしか情報を表現できないように，表現方法が限定されていたが，インターネットでは文字，音声，写真，映像などの表現メディアを統合して「表現」することが可能である。また，インターネット上には大量の情報が記録されており，容易に検索して取り出すことができることから，インターネットが情報を記録・伝達する「媒体」としても広く利用されるようになった。新しいメディアの誕生は，私たち個人や企業における情報処理のあり方を大きく変えつつある。

例題1-3　情報の表現方法と媒体

情報の伝達手段である手紙では，どのような表現方法と媒体が用いられるか。

　　　　　　　　　　　　　　　答え　表現方法：文字　　媒体：紙

要点整理

各空欄に入る適切な語句を答えなさい（解答は巻末）。

1. 問題解決
① 問題解決のプロセス
問題解決は，（ ア ），「情報の収集」,「情報の加工」,（ イ ），「解決策の実施」というプロセスで行われる。

② 意思決定
問題解決において，いくつか考えられる解決策の案の中から，実施に移す解決策を選択することを（ ウ ）という。

2. 情報処理とメディア
① 情報処理
情報の加工，記録，伝達を（ ア ）という。企業の場合，多くの人が協力しながら問題解決を図るため，人と人が情報を相互に伝達する（ イ ）が大切になる。

② 情報とデータ
あることがらについてのしらせを（ ウ ）といい，問題解決に利用しようとする人にとって意味や価値を持つデータを（ エ ）という。

③ メディア
情報（データ）を記録したり伝達したりするためのメディアには3つの意味がある。
- （ オ ）：新聞，テレビ，ラジオ，電話など。
- （ カ ）：文字，音声，図表，写真，映像など。
- （ キ ）：紙，CDなどの記録メディアや通信・放送メディア。

コンピュータと通信技術の発達によって，今までになかった新しいメディアが誕生し普及している。新しいメディアの誕生は，私たち個人や企業における（ ク ）のあり方を大きく変えつつある。

練習問題

問1 販売計画の策定と実施

あなたはある会社の営業部長であり,販売計画の策定から実施までの活動に責任を持っている。販売計画としては,目標売上高・目標利益を設定し,営業マンの人数,販売キャンペーンなどについて計画する必要がある。販売計画をたて実行に移すまでの手順は次の通りである。それぞれが問題解決のどのステップにあてはまるか答えなさい。

- ア.整理した表を比較分析した結果をもとに,販売計画案を作成する。また,その案が条件を満たしているか,よりよい案は考えられないかを再検討する。
- イ.目標売上高・目標利益や利用可能な要員数などの制約条件を明確にする。
- ウ.営業マンの増員や販売キャンペーンなどによって期待される売上増加と費用について,過去の実績を調べるなどして情報を収集する。
- エ.販売計画に従って販売活動を行う。
- オ.期待される売上増加と費用などの情報を表にまとめるなどして整理する。さらに,営業マンの人数や販売キャンペーンの回数などを組み替えて,比較分析する。

問2 設備投資の意思決定

A社では生産能力増強のために最新の機械を購入することになった。機械X,機械Y,機械Zが候補となり,性能,価格,サービスの3点で評価することにした。評価項目の重みは性能(0.5),価格(0.3),サービス(0.2)である。各機械の情報を収集して評価したところ,次の評価表のような結果になった。評価項目の重みを考慮した総合評価表を作成して,どの機械を購入すべきかを決めなさい。

(評価表)

評価項目	機械X	機械Y	機械Z
性能	3	4	1
価格	2	1	4
サービス	1	3	2

4点:大変よい　3点:よい　2点:あまりよくない　1点:よくない

問3 問題解決と情報通信技術

コンピュータと通信の発達による新しいメディアの誕生が私たち個人や企業の問題解決に与えた影響について説明しなさい。

第2章
情報通信技術とコンピュータ

本章の要約

① 今日の情報機器とコンピュータネットワークの急速な発展は，コンピュータと通信技術の発達によるものであり，これらの技術をあわせて情報技術（IT）あるいは情報通信技術（ICT）という。

② コンピュータは入力，処理，出力の3つの基本機能を持っており，ハードウェアとソフトウェアによって構成される。情報処理の手順をあらかじめプログラムとして記憶できる点が大きな特徴である。コンピュータによる情報処理には，高速性，正確性，記憶性，汎用性の4つの利点がある。

③ 最初のコンピュータは1940年代に開発されたが，コンピュータを構成する素子（部品）などの発達により，高性能化，小型化，低価格化が進められてきた。

④ 現在利用されている主なコンピュータには，汎用コンピュータ，サーバ，スーパーコンピュータ，ワークステーション，パーソナルコンピュータ（パソコン），マイクロコンピュータがある。

1 情報通信技術

　情報を処理（加工，記録，伝達）するための機器を情報機器といい，コンピュータ，携帯電話，携帯情報端末などがある。携帯電話や携帯情報端末にもマイクロコンピュータと呼ばれる一種のコンピュータが組み込まれており，情報機器はいずれもコンピュータ技術を使って作られている。遠隔地に設置された情報機器を通信回線によって相互につなぐことにより，コンピュータネットワークが形成され，機器間での情報伝達が可能になる。今日最も大規模なコンピ

ュータネットワークはインターネットであり，世界中の情報機器がインターネットによってつながりつつある。

今日の情報化社会の進展は，コンピュータと通信技術の発達によるものであり，これらの技術をあわせて情報技術（IT：Information Technology）あるいは情報通信技術（ICT：Information and Communication Technology）という。

◇**情報通信技術の利用例　ーコンビニのPOSシステムー**

図表2-1に，コンビニでの情報通信技術の利用例を示す。POS(Point Of Sales)ターミナルとは，各店舗のレジに設置され，商品に印刷されているバーコードを読み取って精算するための情報機器のことである。POSターミナルによって収集された商品の販売データは，通信回線を通じてコンビニ本部に設置されているコンピュータに送られる。本部のコンピュータには全店舗の販売データが記録され，売れ筋商品の分析などに利用される。情報機器や通信回線といった情報通信技術の活用により，大量のデータの記録，高速処理，遠隔地への伝達が可能になっている。

図表2-1　コンビニのPOSシステム

POSターミナル　　　通信回線　　　コンピュータ

第I部　問題解決とコンピュータ

> **例題2-1　情報通信技術**
> 銀行のATM（現金自動預払機）の次のような特徴は，情報処理における加工，記録，伝達のうちのどれが情報通信技術によって行われていることによるものか。
> 　ア．多くの利用者の預金情報を記憶している。
> 　イ．銀行の支店から離れた場所からも入金できる。
> 　ウ．入金，引き出しなど，金額計算が速く，正確である。
> 　　　　　　　答え　ア：記録　　イ：伝達　　ウ：加工

❷ コンピュータの機能と構成

　私たち個人や企業は，コンピュータを利用することにより，問題解決に必要な情報処理を正確かつ迅速に行うことができる。

◇コンピュータの基本機能

　コンピュータの大きな特徴は，あらかじめ情報処理の手順をプログラムとしてコンピュータ内部に記憶できることである。コンピュータにデータを与えると，プログラムにしたがって加工され，その結果を取り出すことにより情報として活用することができる。

　コンピュータは情報処理を行うために入力（Input），処理（Process），出力（Output）の3つの基本機能を持っている。入力機能によってコンピュータにデータを与えると，処理機能によって加工され，その結果は出力機能によって取り出される。

◇ハードウェアとソフトウェア

　コンピュータの入力，処理，出力の機能はハードウェアとソフトウェアによって行われる。ハードウェアは物理的な装置のことである。例えば，パーソナルコンピュータ（以下，パソコンという）のハードウェアには，データを入力

するキーボードやマウス，処理を行う装置が組み込まれた本体，処理した結果を出力するディスプレイやプリンタ（印刷装置）などがある。これに対して，ソフトウェアはハードウェアを動かすのに必要となるプログラムや人間の利用技術のような物理的ではないものをいう。人間の利用技術には，コンピュータ利用のノウハウや手順・ルールなどがある。また，狭い意味ではプログラムそのものをソフトウェアということもある。

図表2-2 コンピュータの基本機能とハードウェア

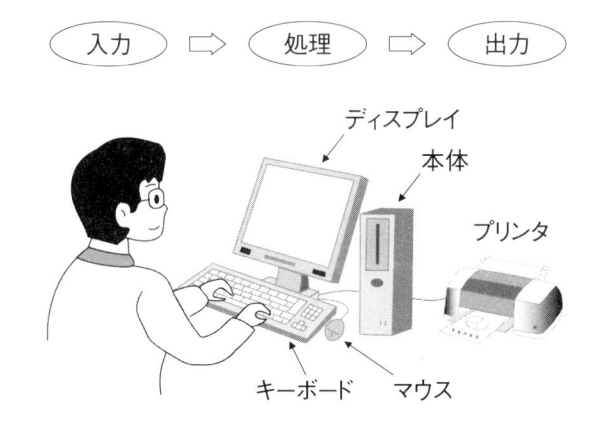

入力 ⇨ 処理 ⇨ 出力

ディスプレイ
本体
プリンタ
キーボード　マウス

◇**コンピュータによる情報処理の利点**

コンピュータによる情報処理には，高速性，正確性，記憶性，汎用性の4つの利点がある。高速性とはデータの処理速度が速いことであり，その処理結果が正確であることを正確性という。コンピュータは大量のデータを記憶（記憶性）でき，プログラムを変更することによって色々な情報処理が可能（汎用性）になる。また，処理手順をプログラム化することにより，同じ処理を何度も繰り返すことが可能である。

第I部　問題解決とコンピュータ

> **例題2-2　コンピュータの機能と構成**
> 次の文章のうち誤っているものはどれか。
> 　ア．コンピュータの基本機能は入力，処理，出力である。
> 　イ．コンピュータに記憶させる情報処理の手順をプログラムという。
> 　ウ．物理的な装置をハードウェアといい，物理的でないものをソフトウェアという。
> 　エ．プログラムはハードウェアの一種である。
> 　オ．プログラムを変更することにより色々な情報処理が可能になることを汎用性という。
>
> 　　　　　　　　　　　　　　　　　　　　　　　　　　答え　エ

3　コンピュータの歴史

　コンピュータは，日本語で「電子計算機」と訳されるように，もともとは計算を自動化することを目的として開発された機械である。計算をするための道具には長い歴史があり，そろばんや計算尺など，昔から色々なものが考案されてきた。

◇コンピュータの誕生

　第二次世界大戦中，大砲の弾道計算を高速に行うことを目的として，コンピュータの開発が進められた。1946年に米国ペンシルベニア大学で真空管を用いて電子的に計算を行う実用的なコンピュータENIAC（Electronic Numerical Integrator And Computer）が完成した。ENIACは約18,000本の真空管を使用し，総重量30トンという大掛かりな装置であったが，毎秒5,000命令という処理速度を実現した。これは当時の機械式計算機の1,000倍近い速さである。計算手順は人が配線を行うことによって指示する配線方式であったため，異なる計算をするには配線を変更する必要があった。

　計算手順を簡単に指示したり変更したりできるように，フォン・ノイマンが

プログラム内蔵方式を提案した。プログラム内蔵方式はプログラム記憶方式またはノイマン方式ともいい，計算手順をプログラムとしてコンピュータ内部に記憶させてから実行する方式である。この方式では，別の計算を行うときには別のプログラムを記憶させればよいので，1台のコンピュータを色々な目的に利用できるようになった。1949年に最初のプログラム内蔵方式の実用的なコンピュータEDSAC（エドサック）（Electronic Delay Storage Automatic Calculator）が英国ケンブリッジ大学で開発された。

◇コンピュータの高性能化

　1950年代に入ると，コンピュータは政府や企業にも導入されるようになった。当初は，技術計算や政府の統計調査を目的としていたが，やがて会計などの事務処理にも利用されるようになり，コンピュータの用途は広がっていった。

　1950年代後半，コンピュータの素子（電子回路を構成する部品）として，真空管に代わってトランジスタが使用されるようになった。トランジスタは真空管と比較して応答が速く故障が少ないため，コンピュータ利用の可能性を飛躍的に高めた。さらに，素子を1つの基板に組み込んだ集積回路（IC：Integrated Circuit）が発明されると，コンピュータの性能と信頼性はさらに向上した。集積回路を使用した代表的なコンピュータは米国IBM社が1964年に発表したシステム/360である。システム/360は1台で事務処理計算と科学技術計算を処理可能にする初の汎用コンピュータであり，その後のコンピュータの原型となる画期的なものであった。集積回路は，集積度（基板あたりの素子の数）が向上するにともない，LSI（Large Scale Integration：大規模集積回路），VLSI（Very Large Scale Integration：超大規模集積回路）へと発達し，コンピュータの高性能化，小型化，低価格化が進んだ。この間，企業は業務における情報処理を中心にコンピュータ利用を進めていったが，1台のコンピュータを多くの人が共同で利用する方式が一般的であった。

◇パソコンの登場と普及

　1970年代，コンピュータの頭脳ともいうべきCPU（シーピーユー）（Central Processing Unit：

中央処理装置）の機能を1つの集積回路に組み込んだマイクロプロセッサが発明されると，大量生産によるCPUの低価格化が進み，パソコンが登場した。初期のパソコンは個人の趣味などに利用されたが，やがて企業でも広く利用されるようになった。パソコンの高性能化と低価格化が急速に進んだ結果，今日では1台の大型コンピュータですべての情報処理を行うのではなく，小型のコンピュータをネットワークによって接続して相互に連携をとりながら情報処理を行う方式が一般的になった。

図表2-3 コンピュータを構成する素子

真空管　　　トランジスタ　　　集積回路（IC）

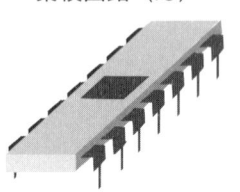

例題2-3　プログラム内蔵方式

次の文章はプログラム内蔵方式に関するものである。誤っているものはどれか。

ア．フォン・ノイマンによって提案された。
イ．最初にENIACで採用された。
ウ．1台のコンピュータを色々な目的に利用できるようになった。

答え　イ

---

④ コンピュータの種類

今日，情報処理の目的や必要とされる処理能力に応じて，色々なコンピュータが利用されている。企業で利用されている主なコンピュータとしては次のようなものがある。

◇汎用コンピュータ

1960年代に，技術計算から事務処理まですべての情報処理を1台で行うことを目的として開発されたのが汎用コンピュータである。すべての業務で利用できる汎用性を特徴とし，企業の基幹業務用に用いられている。基幹業務とは，止まると企業の活動そのものが止まってしまうような業務のことをいう。例えば，自動車会社にとって工場で自動車を生産する業務は基幹業務であり，生産ができなくなると企業全体の活動が止まってしまう。そのため，汎用コンピュータには高い信頼性が求められる。

◇サーバ

1台のコンピュータですべての情報処理を行うのではなく，複数のコンピュータをネットワークでつないで相互に連携をとりながら情報を処理するクライアントサーバシステムが広く利用されている。このシステムでは，利用者が利用するコンピュータをクライアントといい，利用者によって共有されるデータやハードウェアなどを集中管理するコンピュータをサーバという。クライアントはサーバに対してデータの取り出しやプリンタへの印刷といった要求を出しながら情報処理を進めていく。汎用コンピュータやワークステーション，高性能パソコンなどがサーバとして利用されることもあるが，サーバ専用機として開発されたコンピュータを利用することが多い。

◇スーパーコンピュータ

スーパーコンピュータは，演算処理速度が非常に高速なコンピュータであり，大規模な科学技術計算を目的として開発された。自動車，航空機，高層ビル，遺伝子解析などの分野で設計やシミュレーションに使われている。例えば，自動車会社は新しい自動車を開発するとき，衝突事故の際の安全性を評価する。従来は試作車を製作して実験により評価していたが，莫大なコストと時間が必要となるため，現在ではコンピュータ内部で衝突事故をシミュレーション（模擬実験）することによって安全性を解析している。

◇**ワークステーション**

　コンピュータは，技術計算や事務処理ばかりではなく，機械設計やグラフィックデザインなどにも利用されている。これらの業務は高速の計算や高度なグラフィック処理を必要とし，パソコンより高性能なコンピュータであるワークステーションが使われている。

◇**パーソナルコンピュータ（パソコン）**

　主に個人で利用することを目的として開発されたコンピュータであり，「PC（Personal Computer）」とも略される。最初のパソコンは1970年代に登場したが，それまでのコンピュータは非常に高価で，複数の人が1台のコンピュータを共同で利用するのが一般的であった。現在では，個人の趣味からビジネスまで幅広い用途で利用されている。

◇**マイクロコンピュータ（マイコン）**

　マイクロコンピュータは，携帯電話，家電製品，自動車，工業機器などに組み込まれる超小型のコンピュータであり，主に機器の制御を行う。マイクロコンピュータによって携帯電話などの高性能化，小型化が進んでいる。

図表2-4　コンピュータの種類

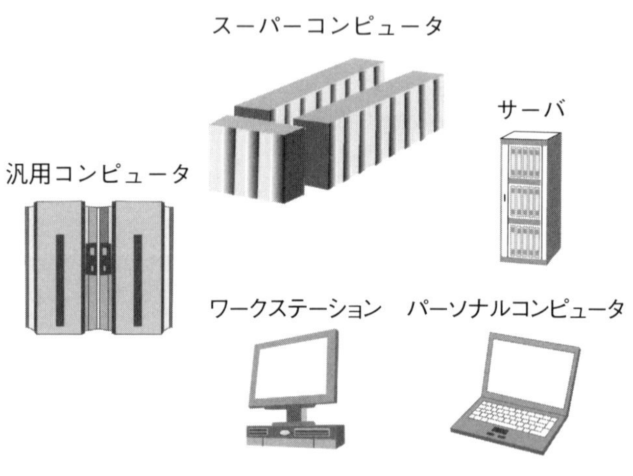

要点整理

各空欄に入る適切な語句を答えなさい（解答は巻末）。

1. 情報通信技術
コンピュータや通信技術のような情報処理技術を（ ア ）という。

2. コンピュータの機能と構成

① **コンピュータの基本機能**
コンピュータは情報処理を行うために（ ア ），（ イ ），（ ウ ）の3つの基本機能を持っている。

② **ハードウェアとソフトウェア**
（ エ ）が物理的な装置のことであるのに対して，（ オ ）はハードウェアを動かすのに必要となるプログラムや人間の利用技術のような物理的ではないものをいう。

③ **コンピュータによる情報処理の利点**
- 高速性：データの処理速度が速い。
- 正確性：処理結果が正確である。
- 記憶性：大量のデータを記憶できる。
- （ カ ）：プログラムを変更することによって色々な情報処理が可能になる。

3. コンピュータの歴史
- コンピュータの誕生：1946年にペンシルベニア大学で（ ア ）が開発された。
- コンピュータの発達：1960年代以降，トランジスタや集積回路（IC）などの半導体技術の進歩により，コンピュータは高性能化，小型化，（ イ ）が進んだ。
- パソコンなどの登場：1980年代以降，高性能の小型コンピュータの登場により，複数のコンピュータが相互に連携しながら情報処理を行う方式が主流になった。

4. コンピュータの種類
- （ ア ）：企業の基幹業務で利用されているコンピュータ。
- （ イ ）：データやハードウェアなどを集中管理するコンピュータ。
- （ ウ ）：大規模な科学技術計算を目的とするコンピュータ。
- （ エ ）：パソコンより高性能の小型コンピュータ。
- （ オ ）：個人利用を目的に開発されたコンピュータ。
- （ カ ）：家電製品のような機器の制御を行うコンピュータ。

練習問題

問1 情報通信技術
　情報通信技術を使って情報処理を行う仕組みを情報システムという。次の情報システムはどのような企業で利用されているか。解答群から選びなさい。
　ア．POSシステム
　イ．座席予約システム
　ウ．ATM（現金自動預け払い機）システム
　〔**解答群**〕
　a．銀行　　b．航空会社　　c．コンビニ　　d．自動車メーカー

問2 コンピュータの基本機能
　インターネットでホームページを検索するとき，次のようなコンピュータの動作はどの基本機能によるものか。
　ア．人が指定した検索のためのキーワードを受けつける。
　イ．キーワードをもとにホームページを探す。
　ウ．該当するホームページの一覧を表示する。

問3 コンピュータによる情報処理の利点
　次のような座席予約システムの特徴はコンピュータのどの利点によるものか。
　ア．多くの列車の座席予約状況を記憶している。
　イ．空席をすみやかに照会できる。
　ウ．正しく料金を計算することができる。
　エ．座席の予約だけではなく，料金の計算など，色々なことができる。

問4 コンピュータの種類
　次のような場合，どのようなコンピュータを利用したらよいか。
　ア．A社では，社員一人ひとりがデータを分析したり，電子メールでお互いに連絡をとったりするために，社員が直接利用するコンピュータを検討している。
　イ．B社では，販売業務の情報化を検討している。基幹業務であり，信頼性の高いコンピュータを利用する必要がある。
　ウ．自動車メーカーC社は，コンピュータシミュレーションによる高度な安全性解析を可能にするために，演算処理速度が速いコンピュータを検討している。

第 II 部 情報の表現

　コンピュータでは数値，文字，画像，音などの情報をすべてデジタル情報として扱う。デジタル情報は0と1を組み合わせることによって表現される。一組の0と1をビットといい，8ビットをバイトという。ビットはコンピュータ内部で情報を表現する最小単位である。

　数値を表現するために2進法が使われる。2進法では，0と1の2種類の数字を使って数値を表す。2進法を使って表記された数値を2進数という。

　文字を表現するためには文字コードが使われる。文字コードには，1バイトコードと，日本語のように文字の種類が多い場合に用いられる2バイトコードがある。文字ごとに固有の文字コードを割り当てることによって，それぞれの文字が区別される。

　写真や動画のような画像の表現方法にはベクタ表現とラスタ表現の2種類がある。ベクタ表現は図形の組み合わせによって表現する方法であり，ラスタ表現は画像を画素（ピクセル）と呼ばれる細かいマス目に分割した上で画素ごとの色を数値によって表現する方法である。音はサンプリング，量子化，符号化という3つの作業によってデジタル情報に変換される。

　数値，文字，静止画，動画，音など，さまざまな形態の情報を統合して扱うことをマルチメディアという。

第3章 デジタル情報

本章の要約

① 世の中のモノがとる量には，個数のように離散的に変化するデジタル量と，重さのように連続的に変化するアナログ量がある。コンピュータは，すべての情報を離散的に変化する値によって表現（デジタル表現）することによりデジタル情報として扱う。

② 1組の「0」と「1」があれば，「0」か「1」かの2通りの状態を表すことができる。これをビットといい，コンピュータ内部で情報を表現する最小単位となる。8ビットをバイトといい，1バイトで256通りの状態を表すことができる。

③ ビットの並び方をビットパターンといい，ある情報をビットパターンに対応させることをコード化という。コンピュータは情報をコード化して処理する。

1 アナログとデジタル

◇デジタル量とアナログ量

ここにりんごがあるとする。りんごの個数はとびとび（離散的）の整数値をとるので，1個，2個，……と数えることができる。それに対して，重さは，1g，2g……というとびとびの値だけではなく，1gと2gの中間の値をとるのが普通であり，1.013……gのように厳密に測ればいくらでも細かく測ることができる。個数のようにとびとびに変化する量をデジタル量（離散量）といい，重さのように連続的に変化する量をアナログ量（連続量）という。

第3章　デジタル情報

◇**デジタル情報とアナログ情報**
　最近、デジタル時計やデジタル体重計のように、時刻や体重などを数字で表示するものが多くなった。時刻は連続的に変化するアナログ量であるが、時刻を表示する時計には、針の位置によって表示するアナログ時計と、数字によって表示するデジタル時計がある。デジタル時計は10時45分30秒、31秒……というように秒単位のとびとびの値で表示するので、30秒と31秒の中間の時刻を知ることはできない。それに対して、アナログ時計は30秒と31秒の間も針が連続的に動くことによって時刻を表すことができる。アナログ時計は一見すればだいたい何時ごろか分かるが、正確な時刻を読み取るのは大変である。それに対して、デジタル時計は正確に時刻を読み取ることはできるが、秒以下の時刻を知ることはできない。デジタル時計のような離散的に変化する値による表現形式をデジタル表現といい、アナログ時計のような連続的に変化する値による表現形式をアナログ表現という。また、デジタル表現によって表した情報をデジタル情報といい、アナログ表現によって表した情報をアナログ情報という。コンピュータ内部ではすべての情報をデジタル表現することによってデジタル情報として扱う。

◇**デジタル情報の利点**
　デジタル情報には次のような利点がある。
① 情報の通信・記録の際にノイズや媒体の劣化などによって情報が失われることはほとんどない。
② データが数値化されるため、修正や編集などの加工が容易である。
③ 数値、文字、画像、音などの色々な形態の情報がすべて数値で表現されるため、これらを統合して扱うことが容易である。

> **例題3-1　アナログとデジタル**
> 空欄に入る適切な語句を答えよ。
> 　「体重は（　ア　）量である。デジタル体重計は体重を（　イ　）表現する。デジタル体重計で表現された体重は（　ウ　）情報である。」
> 　　　　　　**答え**　ア：アナログ　　イ：デジタル　　ウ：デジタル

第Ⅱ部　情報の表現

2 情報の単位

　コンピュータは数値や文字だけではなく画像や音などの情報を扱うことができる。コンピュータ内部では，これらの情報は数値（整数値）に変換されてデジタル情報として処理される。この数値を「0」と「1」の組み合わせによって表すようにすれば，コンピュータでの情報の扱いが容易になる。例えば，コンピュータを構成する電子回路に電流のオンとオフの2つの状態を作り出し，電流が流れている状態（オン）を「1」，電流が流れていない状態（オフ）を「0」に対応させれば，情報を電子的に表現することが可能になる。

◇ビット

　1組の「0」と「1」があれば2通りの状態を表すことができる。例えば，雨が降っていない状態を「0」，雨が降っている状態を「1」に対応させれば，今日の天気は「雨が降っていない」と「降っている」の2つの状態のどちらであるかという情報を，1組の「0」と「1」によって表すことができる。一般に，電流が流れる／流れない，電圧が高い／低いのように，2つの状態を基本として情報を表現するとき，この2つの状態をとるものをビット（bit：BInary digiT）という。1組の「0」と「1」はビットであり，コンピュータ内部で情報を表現する最小単位となる。

図表3-1　ビットによって天気を表現した例

1ビットによる表現

ビットの状態	意　味
0	雨が降っていない
1	雨が降っている

2ビットによる表現

ビットの状態	意　味
00	晴れ
01	曇り
10	雨
11	雪

◇nビットは2^n通りの状態を表現できる

　2つのビット（2ビット）があれば，「00」,「01」,「10」,「11」の4通りの組み合わせができるので，天気も雨が降っているかどうかだけではなく，「晴れ」,「曇り」,「雨」,「雪」の4つの状態を表すことができるようになる。同様に，3つのビット（3ビット）があれば，「000」,「001」,「010」,「011」,「100」,「101」,「110」,「111」の8通りの組み合わせができるので，8つの状態を表すことができる。このように，ビット数を1増やすと，表せる状態の数は2倍になり，一般にnビットあれば2^n通りの状態を表現することができる。

図表3-2　ビット数と表現できる状態の数

ビットの数（n）	表現できる状態の数
1	$2^1 = 2$
2	$2^2 = 4$
3	$2^3 = 8$
4	$2^4 = 16$
5	$2^5 = 32$
8	$2^8 = 256$
16	$2^{16} = 65,536$

例題3-2　ビット

Q1. 011010は何ビットか。
Q2. 9ビットでは何通りの状態を表現できるか。
Q3. 64通りの状態を表現するには何ビット必要か。
Q4. 0gから100gまでの重さを1g単位で表すには，最低何ビット必要か。

　　答え　Q1：6ビット　Q2：512通り　Q3：6ビット　Q4：7ビット

第Ⅱ部　情報の表現

◇バイト

　8ビットをひとまとまりにしたものをバイト（byteまたは記号B）といい，1バイトで256通りの状態を表すことができる。1バイトの1024（＝2^{10}）倍をキロバイト（KB），1024^2（＝2^{20}）倍をメガバイト（MB）といい，さらに1024倍ごとにギガバイト（GB），テラバイト（TB）という。1KBはおおよそ1000（10^3）バイト，1MBはおおよそ100万（10^6）バイト，1GBはおおよそ10億（10^9）バイト，1TBはおおよそ1兆（10^{12}）バイトである。

例題3-3　バイト

Q1. 01001011 11101100は何バイトか。

Q2. 2バイトは何通りの状態を表現できるか。

Q3. 1GBはおおよそ何KBか。

　　　　　　　　　答え　Q1：2バイト　Q2：65,536通り　Q3：100万

---

3 ビットパターンとコード化

　ビットの並び方をビットパターンといい，ある情報をビットパターンに対応させることをコード化という。コンピュータは情報をコード化して処理する。例えば，A，B，C，Dの4種類の文字をコンピュータで表現するときは，図表3-3のように各文字を2ビットのビットパターンに対応させることによってコード化する。

図表3-3　コード化の例

文　字	ビットパターン
A	00
B	01
C	10
D	11

ところが，表現したい文字が8種類に増えると2ビットではすべての文字に異なるビットパターンを対応させることができなくなるので，少なくとも3ビット必要になる。アルファベット26文字を表現するのに必要なビット数は5ビットである。4ビットだと16（＝2^4）種類の文字しか表現できないが，5ビットなら32（＝2^5）種類までの文字を表現できるからである。同様にして，0から3までの4つの整数値を表現するには2ビット必要であり，8ビットあれば256通りの状態を表現できるので0から255までの整数値を表現できる。

例題3-4　ビットパターン
白色と黒色の2種類の紙が次のように5枚並んでいる。

Q1. 左から順に，黒の紙を1，白の紙を0で表すとすると，紙の並び方を表現するには何ビット必要か。
Q2. 上記のような紙の並び方はどのようなビットパターンによって表現することができるか。
Q3. ビットパターン「01001」はどのような紙の並び方を表しているか。次の5枚の紙を塗りつぶして並び方を表せ。

Q4. 紙の並び方には何通りあるか。

　　　　　答え　Q1：5ビット
　　　　　　　　Q2：10010
　　　　　　　　Q3：
　　　　　　　　Q4：2^5 = 32通り

要点整理

各空欄に入る適切な語句を答えなさい（解答は巻末）。

1. アナログとデジタル

個数のようにとびとびに変化する量を（ ア ）といい，重さのように連続的に変化する量を（ イ ）という。これらの量を離散的に変化する値によって表現する形式を（ ウ ）といい，連続的に変化する値によって表現する形式を（ エ ）という。また，（ ウ ）によって表した情報を（ オ ）という。

デジタル情報には次のような利点がある。

- 情報の（ カ ）の際にノイズや媒体の劣化などによって情報が失われることはほとんどない。
- データが数値化されるため，修正や編集などの（ キ ）が容易である。
- 数値，文字，画像，音などの色々な形態の情報がすべて（ ク ）で表現されるため，これらを統合して扱うことが容易である。

2. 情報の単位

① ビット

1組の「0」と「1」があれば2通りの状態を表すことができる。これを（ ア ）といい，コンピュータ内部で情報を表現する最小単位となる。ビット数を1増やすと，表せる状態の数は2倍になり，一般にnビットあれば（ イ ）通りの状態を表現することができる。

② バイト

8ビットをひとまとまりにしたものを（ ウ ）といい，1バイトで（ エ ）通りの状態を表すことができる。1バイトの1024（$= 2^{10}$）倍を（ オ ）バイト，1024^2（$= 2^{20}$）倍を（ カ ）バイトといい，さらに1024倍ごとに（ キ ）バイト，（ ク ）バイトという。

3. ビットパターンとコード化

ビットの並び方を（ ア ）といい，ある情報をビットパターンに対応させることを（ イ ）という。コンピュータは情報を（ イ ）して処理する。

練習問題

問1　アナログとデジタル
次の記述はデジタル量とアナログ量のどちらを示しているか。
　ア．モノの個数や日数　　イ．テストの得点　　ウ．人間の声の大きさ

問2　情報の単位
Q1．1本の指を伸ばした状態を0，折った状態を1とするとき，5本の指を使うと，何通りの状態を表現できるか。
Q2．01011101は何ビットか。
Q3．7ビットでは何通りの状態を表現できるか。
Q4．138通りの状態を表現するには何ビット必要か。

問3　ビットパターン
次のような3行3列のパネルがある。各マス目を黒く塗りつぶすことによって模様を作ることができる。1から9の数字はマス目の順序を表す番号である。

1	2	3
4	5	6
7	8	9

Q1．黒のマス目を1，白のマス目を0で表すとすると，このパネルの模様を表現するには何ビット必要か。
Q2．次の模様はどのようなビット列によって表現することができるか。ただし，ビットの並びは各マス目の順序番号の順とする。

Q3．ビット列「011 110 001」はどのような模様を表しているか。次のパネルのマス目を塗りつぶしてパネルの模様を作りなさい。

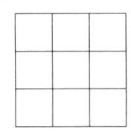

Q4．このパネルで何通りの模様を作ることができるか。

第4章
数値・文字の表現

本章の要約

① コンピュータ内部ではすべての情報を0と1のビットを基本として表現しており,数値も0と1の2種類の数字を使って表現される。このような数値の表現方法を2進法といい,2進法を使って表記された数値を2進数という。

② 2進数のビット列(0と1の並び)を4桁ごとに区切って,0,1,2,3,4,5,6,7,8,9,A,B,C,D,E,Fの16種類の数字と文字によって表す方法を16進法といい,16進法で表記した数値を16進数という。

③ コンピュータは私たちが日常使っている10進数を2進数に変換して処理をする。処理した結果は私たちに分かるように,再度10進数に変換する。

④ コンピュータ内部では,文字ごとに文字コードを割り当てることによって,文字を表現する。日本語のように文字の種類が多い場合は,2バイトの文字コードが使用される。どの文字にどの文字コードを割り当てるかは,規格によって規定されている。

1 2進数と16進数

◇**2進法**

私たちが日頃,数を数えるときに使っている10進法では,0〜9までの10種類の数字を用いて数値を表す。例えば,352という数値は,100(= 10^2)の位が3,10(= 10^1)の位が5,1の位(= 10^0)が2であることを意味しており,

$352 = 3 \times 100 + 5 \times 10 + 2 \times 1$

$$= 3 \times 10^2 + 5 \times 10^1 + 2 \times 10^0$$

と表すことができる。各桁は，右から，10^0，10^1，10^2……の重みを持っており，n桁目の重みは10^{n-1}である。また，各桁は0から9までの値をとり，10になると次の桁に繰り上がる。

コンピュータ内部ではすべての情報を0と1のビットを基本として表現しており，数値も0と1の2種類の数字を使って表現される。このような数値の表現方法を2進法という。例えば，2進法表現の1101という数値は，8（= 2^3）の位が1，4（= 2^2）の位が1，2（= 2^1）の位が0，1（= 2^0）の位が1であることを意味しており，

$$1101 = 1 \times 8 + 1 \times 4 + 0 \times 2 + 1 \times 1$$
$$= 1 \times 2^3 + 1 \times 2^2 + 0 \times 2^1 + 1 \times 2^0$$

と表すことができる。各桁は，右から，2^0，2^1，2^2，2^3……の重みを持っており，n桁目の重みは2^{n-1}である。また，各桁は0か1の値をとり，2になると次の桁に繰り上がる。

◇2進数

10進法を使って表記された数値を10進数といい，2進法を使って表記された数値を2進数という。同じ10という表記であっても，10進法では「じゅう」と読み，2進法では「イチゼロ」と読む。10進数なのか2進数なのかまぎらわしいときには，$(10)_{10}$，$(10)_2$のように，数値をカッコで囲み右下に進法を示すとよい。

◇16進数

2進法で数値を表記すると桁数が大変長くなるという問題がある。2進数のビット列（0と1の並び）を4桁ごとに区切ると，4ビットのビットパターンに分割することができる。4ビットのビットパターンには0000～1111の16種類があるので，それぞれのビットパターンを0，1，2，3，4，5，6，7，8，9，A，B，C，D，E，Fの16種類の数字と文字によって表すようにすれば，表記上の桁数は2進法の4分の1ですむ。このような数値の表し方を16進法といい，16

進法で表記した数値を16進数という。

16進法の各桁は，右から，16^0，16^1，16^2……の重みを持っており，n桁目の重みは16^{n-1}である。また，各桁は0から9，AからFまでの値をとる。

図表4-1　10進数，2進数，16進数の対応

10進数	2進数	16進数
0	0000	0
1	0001	1
2	0010	2
3	0011	3
4	0100	4
5	0101	5
6	0110	6
7	0111	7

10進数	2進数	16進数
8	1000	8
9	1001	9
10	1010	A
11	1011	B
12	1100	C
13	1101	D
14	1110	E
15	1111	F

例題4-1　2進数

空欄に入る適切な語句を答えよ。

「10進数の735は100が7個，10が3個，1が5個であることを意味している。同じように，2進数の1011は（　ア　）が1個，（　イ　）が0個，2が1個，（　ウ　）が1個であることを意味している。」

答え　ア：8　　イ：4　　ウ：1

② 数値の変換

進法を変えることにより，数値の表し方がどのように変わるかを見てみよう。

◇2進数から10進数への変換

2進数の各桁は右から，1，2，4，8……に対応しているので，1の立っている

桁の重みを合計することによって10進数に変換することができる。例えば、2進数の1101は4桁目、3桁目、1桁目に1が立っているので、8、4、1を足すことによって10進数の13に変換することができる。

$$(1101)_2 = 1 \times 8 + 1 \times 4 + 0 \times 2 + 1 \times 1$$
$$= (13)_{10}$$

◇**10進数から2進数への変換**

例えば、10進数の12を2進数へ変換した結果、$a_3\ a_2\ a_1\ a_0$になったとする。ただし、a_3、a_2、a_1、a_0は0か1である。このとき、10進数の12は次のように表すことができる。

$$(12)_{10} = a_3 \times 8 + a_2 \times 4 + a_1 \times 2 + a_0 \times 1$$

12を2進数へ変換するということは、a_3、a_2、a_1、a_0の値を求めることに他ならない。12を2で割ると、商は$a_3 \times 4 + a_2 \times 2 + a_1 \times 1$となり、余りは$a_0$となる。これを繰り返すと、商と余りは図表4-2のようになる。1番下のa_3は2で割ると商が0となるので、これ以上2で割ることができない。これより、2進数の各桁の値は、2で割ったときの余りと最後の商に一致することが分かる。

図表4-2　10進数から2進数への変換

	商	余り
2で割る	$a_3 \times 8 + a_2 \times 4 + a_1 \times 2 + a_0 \times 1$	
商を2で割る	$a_3 \times 4 + a_2 \times 2 + a_1 \times 1$	a_0
商を2で割る	$a_3 \times 2 + a_2 \times 1$	a_1
	a_3	a_2

よって、図表4-3に示したように、10進数を商が1になるまで2で割っていき、その都度得られた余りと最後の商を逆順に並べることによって、10進数の12は2進数の1100であることが分かる。

第Ⅱ部　情報の表現

図表4-3　10進数から2進数への変換例

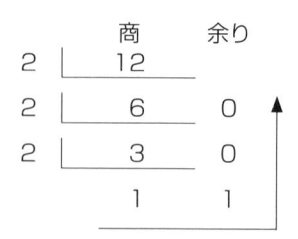

```
           商    余り
    2 |  12
    2 |   6    0  ↑
    2 |   3    0
          1    1
```

例題4-2　2進数と10進数の変換

Q1. 2進数の1001を10進数に変換せよ。

Q2. 10進数の13を2進数に変換せよ。

答え　Q1：9　　Q2：1101

◇2進数から16進数への変換

2進数を16進数へ変換するときは，2進数を4桁ごとに区切り，図表4-1を参照しながら，各4桁を対応する0～9，A～Fの文字に変換する。あるいは，2進数の各4桁を10進数の0～15に変換してから，0～9，A～Fの文字に変換してもよい。A～Fが10進数の10～15であることを覚えておけば，図表4-1のような対応表がなくとも，容易に16進数へ変換できる。

　（例）2進数から16進数への変換

　　　 2進数　　　1001　　1101　　0110
　　　　　　　　　 ↓　　　 ↓　　　 ↓
　　　16進数　　　 9　　　 D　　　 6

◇16進数から2進数への変換

逆に，16進数を2進数へ変換するときは，図表4-1を参照しながら，各桁を対応する4ビットのビットパターンに変換する。あるいは，各桁を10進数に変換してから，さらに2進数に変換してもよい。

（例）16進数から2進数への変換

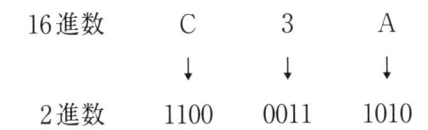

16進数	C	3	A
	↓	↓	↓
2進数	1100	0011	1010

例題4-3　2進数と16進数の変換

Q1．2進数の1001 0101を16進数に変換せよ。
Q2．16進数のB5を2進数に変換せよ。

答え　Q1：95　　Q2：1011 0101

---

3 文字の表現

◇**文字コード**

　コンピュータで文字を表現するときは，1つひとつの文字ごとに固有の文字コードを割り当てることによって，各々の文字を区別する。文字コードは0と1からなるビットパターンによって表される。1ビットの文字コードだと2種類の文字にしか文字コードを割り当てることができないが，2ビットなら4種類，3ビットなら8種類……というように，文字コードのビット数が増えるにしたがって表現できる文字の数は増えていく。アルファベットにはAからZまで26文字あるが，1つひとつの文字に異なる文字コードを割り当てるには，5ビット必要となる。

◇**文字コードの規格**

　どの文字にどの文字コードを割り当てるかは取り決めが必要になる。日本では，JIS（日本工業規格：Japanese Industrial Standards）によって各種の工業規格が定められているが，文字コードについてもいくつかの規格がある。

第Ⅱ部　情報の表現

図表4-4 文字コードの規格（JIS X0201）

上位4ビット

下位4ビット	0	1	2	3	4	5	6	7	8	9	A	B	C	D	E	F
0	制御文字（機器などの制御に用いるコード）		SP	0	@	P	`	p	未定義			ー	タ	ミ	未定義	
1			!	1	A	Q	a	q			。	ア	チ	ム		
2			"	2	B	R	b	r			「	イ	ツ	メ		
3			#	3	C	S	c	s			」	ウ	テ	モ		
4			$	4	D	T	d	t			、	エ	ト	ヤ		
5			%	5	E	U	e	u			・	オ	ナ	ユ		
6			&	6	F	V	f	v			ヲ	カ	ニ	ヨ		
7			'	7	G	W	g	w			ァ	キ	ヌ	ラ		
8			(	8	H	X	h	x			ィ	ク	ネ	リ		
9			)	9	I	Y	i	y			ゥ	ケ	ノ	ル		
A			*	:	J	Z	j	z			ェ	コ	ハ	レ		
B			+	;	K	[	k	{			ォ	サ	ヒ	ロ		
C			,	<	L	¥	l	|			ャ	シ	フ	ワ		
D			-	=	M	]	m	}			ュ	ス	ヘ	ン		
E			.	>	N	^	n	~			ョ	セ	ホ	゛		
F			/	?	O	_	o	DEL			ッ	ソ	マ	゜		

　JIS X0201という規格では，8ビットの文字コードによって，英字，数字，カタカナ，その他の記号を表すことが定められている。8ビットあれば256種類までの文字を区別できるので，Aやaなどの英文字，#や@などの記号，カタカナや数字など，キーボード（文字を入力するための装置）から直接入力できる文字を表現することができる。

　図表4-4は，文字コードと各文字との対応を示している。上段に文字コードの上位4ビット，左段に文字コードの下位4ビットが16進数で示されている。例えば文字「A」の文字コードは，上位4ビットが $(4)_{16}$，下位4ビットが $(1)_{16}$ であることが分かる。これは，文字「A」はコンピュータ内部では文字コード「0100 0001」（16進数の「41」）として表現されていることを意味している。逆に，文字コード「0100 1000」（16進数の「48」）は，上位4ビットが $(4)_{16}$，下位4ビットが $(8)_{16}$ であるので，「H」の文字であることが分かる。

◇1バイトコードと2バイトコード

英語のように文字の種類が256以下であれば文字コードは8ビットで十分だが，日本語は漢字，ひらがな，カタカナなど文字の種類が多く，8ビットでは表現できる数が足りないため，2バイト（16ビット）の文字コードが使用される。現在，JIS X0201以外にも，図表4-5に示したような規格が一般に利用されている。

図表4-5　文字コードの規格（1バイトコードと2バイトコード）

種類	規格	説明
1バイトコード	ASCII* (アスキー)	米国規格協会が制定した文字コードであり，パソコンや通信機器で広く使用されている。128文字で構成され，94文字がアルファベット，数字，記号などの印刷可能な文字，残り34文字は空白文字と制御文字に割り当てられている。
	EBCDIC** (エビシディック)	IBM社が制定した文字コードであり，主に汎用コンピュータで利用されている。
2バイトコード	JIS X0208	JISで定められた文字コードであり，漢字，ひらがな，カタカナ，英数字，記号など6,879文字にコードを割り当てている。
	シフトJIS	日本語の2バイト文字を1バイトのASCII文字と混在させるためにマイクロソフト社などが開発した文字コードであり，パソコンを中心に広く使用されている。
	EUC*** (イーユーシー)	米国AT&T社が1985年に定めた文字コードであり，主にUNIXと呼ばれるオペレーティングシステム（第6章参照）を搭載したワークステーションで利用されている。
	Unicode (ユニコード)	世界中の主要な文字を統一的に扱うことを目的に国際標準化機構（ISO）が開発した多言語対応の文字コードである。

*　　American Standard Code for Information Interchange
**　 Extended Binary Coded Decimal Interchange Code
*** Extended UNIX Code

文字データを解釈するとき，どの規格にしたがってコード化されているかを解っていないと，誤って他の文字に解釈してしまうので注意する必要がある。例えば，インターネット上のWebページを見るソフトウェアであるブラウザに

は，どの規格を使用するかの設定があるが，Webページを作ったときの規格と異なる設定になっていると，正しく表示することができない。

例題4-4 文字コード

文字コードに関する次の問題に答えよ。

Q1. アルファベット「M」のJIS X0201文字コードを2進数で答えよ。

Q2. アルファベット「P」のJIS X0201文字コードを16進数で答えよ。

Q3. JIS X0201の文字コード「0010 0011」に対応する文字は何か。

答え Q1：0100 1101　　Q2：50　　Q3：#

要点整理

各空欄に入る適切な語句を答えなさい（解答は巻末）。

1. 2進法
　私たちは日頃、0～9までの10種類の数字を使って数値を表す。これを（　ア　）進法という。コンピュータ内部ではすべての情報を0と1のビットを基本として表現しており、数値も0と1の2種類の数字を使って表現される。このような数値の表現方法を（　イ　）進法という。（　ア　）進法では1桁繰り上がるごとに桁の重みが10倍になるのに対して、（　イ　）進法では2倍になる。

2. 2進数
　10進法を使って表記された数値を（　ア　）進数といい、2進法を使って表記された数値を（　イ　）進数という。

3. 16進数
　2進法で数値を表現すると桁数が大変長くなるという問題がある。2進数のビット列を4桁ごとに区切り、それぞれの4ビットのビットパターンを0、1、2、3、4、5、6、7、8、9、A、B、C、D、E、Fの16種類の数字と文字によって表すようにすれば、表記上の桁数は4分の1ですむ。このような数値の表し方を（　ア　）進法といい、16進法で表記した数値を16進数という。16進法では1桁繰り上がるごとに桁の重みが（　イ　）倍になる。

4. 文字の表現
① 文字コード
　コンピュータで文字を表現するときは、文字ごとに固有の（　ア　）を割り当てることによって、各々の文字を区別する。

② 文字コードの規格
・（　イ　）：JISで制定されている1バイトの文字コード。
・（　ウ　）：米国規格協会が制定。パソコンや通信機器で広く使用されている。
・（　エ　）：IBM社が制定。主に汎用コンピュータで利用されている。
・（　オ　）：JISで制定されている2バイトの文字コード。漢字も使用できる。
・（　カ　）：日本語の2バイト文字をASCII文字と混在させるために開発された。
・（　キ　）：米国AT&T社が定めたUNIX用の文字コード。
・（　ク　）：国際標準化機構（ISO）が開発した多言語対応の文字コード。

練習問題

問1　進法と進数
次の文章の空欄に入る適切な語句を答えなさい。

「わたしたちが普段使用している10進法は0，1，2，……，（　ア　）の10個の数字を組み合わせて数値を表現する方法である。10進法では，（　ア　）の次の数値は桁上がりして10になる。コンピュータでは0と1のビットを基本として情報を表現するために（　イ　）進法が使われている。（　イ　）進法は，0と（　ウ　）の2個の数字を組み合わせて数値を表現する方法である。10進数の5は2進数では（　エ　）と表現される。また，16進法は0，1，2，…，9，A，…，Fの（　オ　）個の数字を組み合わせて数値を表現する方法である。16進法で数値を表現すると，2進法の場合に比べて，桁数が（　カ　）分の1になる。例えば，2進数の1011 0101は16進数では（　キ　）になり，2桁で表現できる。」

問2　数の変換
Q1. $(10100)_2$ を10進数に変換しなさい。
Q2. $(35)_{10}$ を2進数に変換しなさい。
Q3. $(11010101)_2$ を16進数に変換しなさい。
Q4. $(3E)_{16}$ を2進数に変換しなさい。

問3　文字コード
Q1. アルファベット「Z」のJIS X0201文字コードを2進数で答えなさい。
Q2. 「CAT」という文字列のJIS X0201文字コードを16進数で答えなさい。
Q3. JIS X0201文字コード「0011 0100」に対応する文字を答えなさい。

問4　文字コードとバイト数
Q1. 25文字の英数字（半角文字）をJIS X0201で表現するには何バイト必要か。
Q2. 25文字の英数字をEUCコードで漢字（全角文字）として表現するには何バイト必要か。なお，半角文字が1バイトコードで表現された文字であるのに対して，全角文字は2バイトコードで表現された文字である。
Q3. 1ページあたり全角文字2,000字からなる日本語の文章がある。10ページをデジタル化した場合，何バイトになるか。

第5章
画像・音の表現

本 章 の 要 約

① 画像の表現方法にはベクタ表現とラスタ表現の2種類がある。ベクタ表現は図形の組み合わせによって表現する方法であり，ラスタ表現は画像を画素に区切って画素ごとの色を数値によって表現する方法である。
② 音はアナログ量であり，サンプリング，量子化，符号化という3つの作業によってデジタル情報に変換される。
③ 画像や音をデジタル化するとデータ量が大きくなるので，数学的な一定の手順にしたがって，データの意味を保ったまま，デジタル情報のビット数を減らすことが行われる。これを情報の圧縮といい，圧縮した情報を元に戻すことを伸張という。
④ 数値，文字，静止画，動画，音声など，さまざまな形態の情報を統合して扱うことをマルチメディアという。

1 画像の表現

　画像には，写真やイラストのような動きのない静止画と，映像のような動きのある動画とがある。いずれの画像もコンピュータ内部では0と1から構成されるデジタル情報として表現される。デジタル情報に変換（デジタル化）された画像は，コンピュータによる加工やコピーなどの処理が容易になる。ここでは，画像のデジタル化について説明する。

◇**静止画**
　静止画をデジタル情報として表現する方法には，ベクタ表現とラスタ表現の

2種類がある。

ベクタ表現

ベクタ表現を扱うソフトウェアを使うことによって，線，円，曲線などの図形を作画しながら静止画を作ることができる。作画された図形は幾何学的な情報を数値化することによって表現される。例えば，円であれば，中心の位置と半径を数値化することによって表現される。図形の移動・回転・拡大・縮小が容易であり，イラストのような画像を表現するのに適しているが，図形の組み合わせによって表現できない写真のような画像には向かない。

ラスタ表現

色は光の三原色である赤，緑，青の組み合わせによって表現される。これをRed（赤），Green（緑），Blue（青）の頭文字をとってRGB（アールジービー）という。デジタルカメラやスキャナなどによって取り込まれた静止画は，画素（ピクセル）と呼ばれる細かいマス目に分割した上で，画素を構成する三原色のそれぞれの色の明るさを測定し，色ごとに明るさが数値化される。通常，色の明るさは1バイト（8ビット）の数値によって表される。1バイトは10進数の0から255までの数を表現できるので，色の明るさが0から255の256段階のどの段階であるかを数値によって示すことができる。この場合，各画素の色を表すために3バイト（24ビット）必要となるが，約1,670万色（256×256×256）の色を表現することが可能である。

図表5-1　静止画のラスタ表現

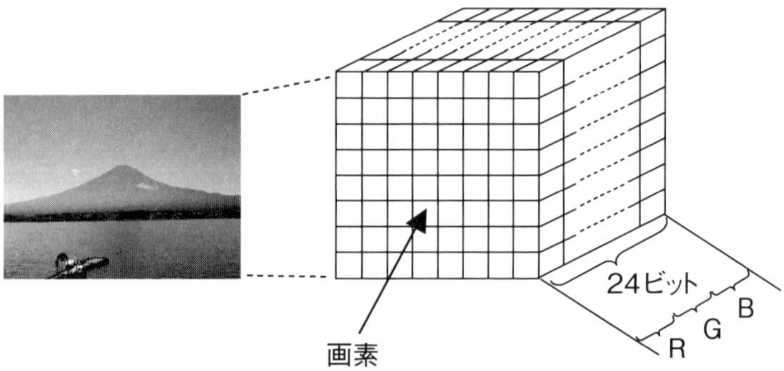

第5章　画像・音の表現

例題5-1　画像の表現

次の文章はベクタ表現とラスタ表現のどちらについて説明したものか。

ア．どのような画像でも表現できる。
イ．少ないデータ量で画像を表現できる。
ウ．拡大・縮小しても画像の精度は落ちない。

　　　　答え　ア：ラスタ表現　　イ：ベクタ表現　　ウ：ベクタ表現

例題5-2　ラスタ表現

静止画を横800，縦600の画素に区切り，各画素の色を24ビットで表現するとすると，この静止画のデジタル情報は何バイトになるか。1KB≒1,000B，1MB≒1,000KBとして計算せよ。

　　計算式
　　画素数　　800×600＝480000
　　データ量　24ビット／画素×480000画素÷8ビット／バイト
　　　　　　＝1,440,000バイト≒1.44MB

　　　　　　　　　　　　　　　　　　　答え　1.44MB

解像度

　デジタル化された画像をディスプレイやプリンタによって表示したり印刷したりするときは，ディスプレイやプリンタを構成する画素単位に色を復元する。画素数が少ないと画像を細かく表示・印刷することができず不鮮明になる。どれだけ画像を細かく表示・印刷できるかを表すのに解像度という単位を用いる。ディスプレイの場合は，ディスプレイの横方向と縦方向の画素数で表し，1024×768のように表現する。また，プリンタの解像度は1インチ（2.54cm）幅に印刷できる画素数で表し，dpi（dot per inch）という単位を用いる。例えば，9600dpiのプリンタは用紙を1インチあたり9600の画素に分割して印刷する。

第Ⅱ部　情報の表現

例題 5-3　解像度

デジタルカメラで撮影した写真を加工せずに横3.5インチ×縦2.5インチの大きさで印刷したい。プリンタの解像度を200dpiとすると，デジタルカメラの解像度をいくつにして撮影したらよいか。

　　計算式　　横　200画素／インチ×3.5インチ＝700画素
　　　　　　　縦　200画素／インチ×2.5インチ＝500画素

　　　　　　　　　　　　　　　　　　　　答え　横700×縦500

◇動画

　動画は連続した静止画（フレーム）を高速に映し出すことによってあたかもスムーズに動いているかのように見えるようにしたものである。1秒間に表示するフレームの数をフレームレートといい，fps（frame per second）の単位で表す。日本のテレビは約30fpsである。フレームレートが大きくなるほど，滑らかな動きを表現できるが，データ量も大きくなる。

例題 5-4　動画の表現

1フレーム800×600画素，30fpsの動画を1時間録画すると，データ量はどれだけになるか。ただし，1画素をRGB計3バイトでカラー表示するとする。

　計算式
　　　フレームあたりのデータ量　　800×600画素×3バイト／画素≒1.44MB
　　　1秒あたりのデータ量　　　　1.44MB／フレーム×30フレーム／秒
　　　　　　　　　　　　　　　　　＝43.2MB／秒
　　　1時間あたりのデータ量　　　43.2MB／秒×3600秒＝155,520MB
　　　　　　　　　　　　　　　　　≒155.5GB

　　　　　　　　　　　　　　　　　　　　　　答え　155.5GB

44

2 音の表現

　マイクロフォンなどによって受け取った音は，音の強弱と高低を電圧の変化によって表す電気信号になる。音は空気を伝わる波であるので，電気信号も時間軸にそって連続的に変化する波形をしたアナログ信号になる。

図表5-2　音の波形（アナログ信号）

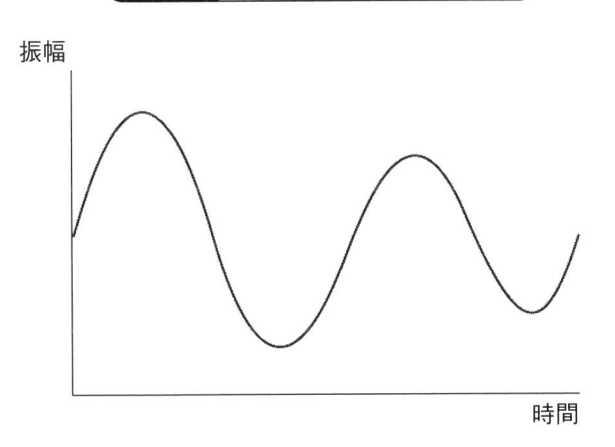

振幅

時間

　アナログ信号は，サンプリング，量子化，符号化という3つの作業によってデジタル情報に変換される。まず，サンプリングによって，アナログ信号の波形を一定の時間幅（サンプリング周期）で区切って取り出し，取り出した点（標本点）の値を読み取る。次に，量子化によって，波形の高さをいくつかの段階に区切り，標本点の値を最も近い段階値に変換する。最後に，符号化によって段階値を2進数に変換すればデジタル情報になる。

　いくつの段階に区切るかによって，量子化するときのビット数は異なる。例えば，0〜7の8段階に区切るには，3ビットで量子化する必要があり，符号化した2進数は3ビットで表される。サンプリング周期を短くし，量子化するときの段階数を増やすほど，デジタル化された音は元のアナログ信号に近くなるが，データ量が大きくなる。

第Ⅱ部　情報の表現

図表5-3 音のデジタル化（3ビットで量子化した例）

① サンプリング

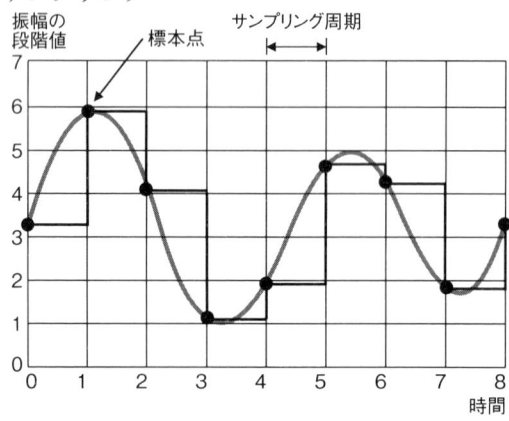

② 量子化

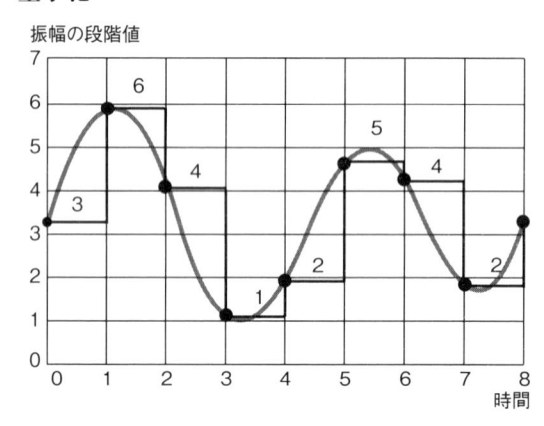

③ 符号化

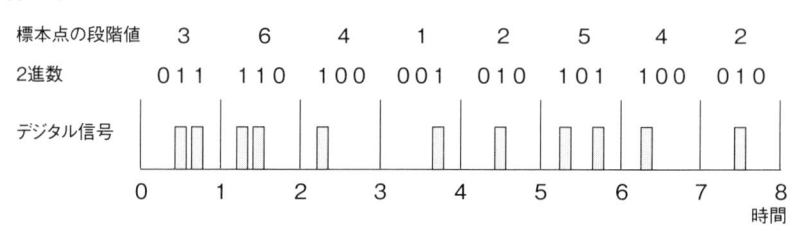

標本点の段階値	3	6	4	1	2	5	4	2
2進数	011	110	100	001	010	101	100	010

デジタル信号

46

③ データの形式と圧縮

　画像や音をデジタル化したときのデータ形式には図表5-4のようなものがある。画像や音のデジタル情報はデータ量が大きく，コンピュータに保存するのに大きな記憶容量が必要になったり，通信回線を利用して伝送するのに時間がかかったりすることがある。そこで，数学的な一定の手順にしたがって，データの意味を保ったまま，デジタル情報のビット数を減らすことが行われる。これを情報の圧縮といい，圧縮した情報を元に戻すことを伸張という。

図表5-4　主なデータ形式

データ形式	種類	説　　明
BMP (Bitmap)	静止画	マイクロソフト社が開発したデータ形式である。標準では無圧縮であるためデータ量が大きい。
GIF	静止画	256色までの静止画を表現することができ，イラストなど単調な色を使う静止画に向いている。JPEGとともにインターネットで広く利用されている。
JPEG	静止画	カラーの静止画を対象とした国際標準のデータ形式である。フルカラー表示（約1670万色）が可能であり，インターネットやデジタルカメラなどで広く利用されている。
MPEG	動画	動画を対象にした国際標準のデータ形式である。動画では同じような画像が連続することが多いため，前のフレームから変化した部分だけをデータとして持つことにより，データ量を減らしている。MPEGにはMPEG1，MPEG2，MPEG4の規格がある。 ・MPEG1：ビデオCDやMP3の利用者向けの規格 ・MPEG2：デジタルテレビやDVDの規格 ・MPEG4：インターネットでの利用や携帯電話などの通信用
MP3	音	MPEG1で利用される音声圧縮方式の1つ。携帯音楽プレイヤーの多くがMP3に対応しており，MP3プレイヤーと呼ばれる。

4 マルチメディア

　数値，文字，静止画，動画，音など，さまざまな形態の情報を統合して扱うことをマルチメディアという。マルチメディア制作のためには，最初にイラストや音楽などの個々の素材を制作した後，オーサリングツールによって素材の統合・編集を行う。

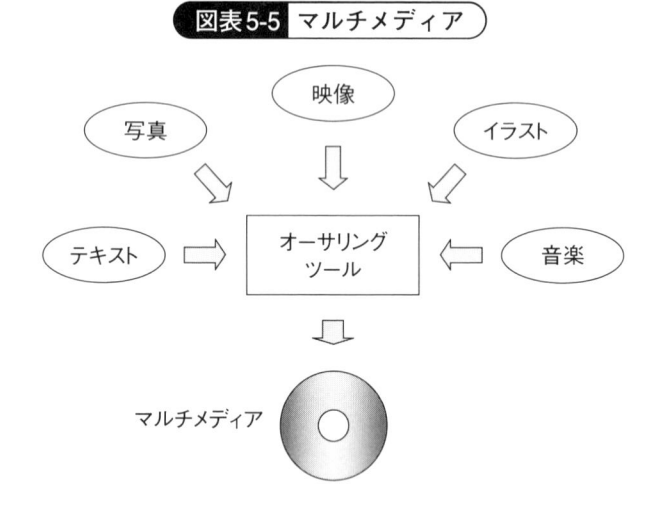

図表5-5　マルチメディア

要点整理

各空欄に入る適切な語句を答えなさい（解答は巻末）。

1．画像の表現
① 静止画
ベクタ表現は画像を線，円，曲線などの図形の組み合わせによって表現する。ラスタ表現は，画像を（ ア ）と呼ばれる細かいマス目に分割した上で，1つひとつの（ ア ）の色を色の三原色である赤，（ イ ），（ ウ ）の要素に分けて表す。各色の明るさは$2^8 = 256$段階で表す。

② 動画
動画は連続した（ エ ）を高速に映し出すことによってあたかもスムーズに動いているかのように見えるようにしたものである。1秒間に表示する（ エ ）の数を（ オ ）という。

2．音の表現
音はサンプリング，量子化，符号化という3つの作業によってデジタル情報に変換される。
- （ ア ）：サンプリング点でアナログ信号の波形の高さを読み取る。
- （ イ ）：読み取った波の高さを最も近い段階値に変換する。
- （ ウ ）：段階値を2進数に変換して0と1の組み合わせで表現する。

3．データの形式と圧縮
数学的な一定の手順にしたがって，データの意味を保ったまま，デジタル情報のビット数を減らすことを情報の（ ア ）といい，圧縮した情報を元に戻すことを（ イ ）という。

［主なデータ形式］
- （ ウ ）：マイクロソフト社が開発した静止画用のデータ形式。標準では無圧縮。
- （ エ ）：256色までの静止画を表現でき，イラストなどに向いている。
- （ オ ）：静止画用の国際標準のデータ形式。約1670万色の表示が可能。
- （ カ ）：動画を対象にした国際標準のデータ形式。
  - MPEG1：ビデオCDやMP3の利用者向けの規格。
  - MPEG2：デジタルテレビやDVDの規格。
  - MPEG4：インターネット上での利用や携帯電話などの通信用。
- （ キ ）：MPEG1で利用される音声圧縮方式の1つ。

4．マルチメディア
数値，文字，静止画，動画，音声など，さまざまな形態の情報を統合して扱うこと。

練習問題

問1 静止画のデジタル化

次のような画像を白黒のデータとしてデジタル化する場合，①〜③のように行う。

①**サンプリング**：縦横のマス目（画素）に区切る。
②**量子化**　　：マス目ごとに画像の占める割合を求め，半分以上なら黒とし，半分以下なら白とする。
③**符号化**　　：黒→1，白→0という数値に置き換える。

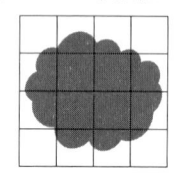

Q1. 上記の画像を縦4×横4の16等分にサンプリングし，量子化，符号化することにした。符号化した結果をビットパターンによって示しなさい。ただし，左から右，上から下の順に符号化するとする。

Q2. 画像のデジタルデータは何バイトになるか。

Q3. Q1の結果より，次の表のマス目を白または黒で塗りつぶして元の画像を復元しなさい。

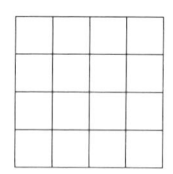

問2 動画のデジタル化

Q1. 1フレーム1024×1024画素，30fpsの動画を4秒間録画すると，何メガバイトのデータになるか。ただし，1画素をRGB計3バイトでカラー表示するとする。

Q2. 動画の精度を良くする方法として適切なものはどれか。
　ア．画素数を少なくする。
　イ．フレームレートを大きくする。
　ウ．色を表現するビット数を少なくする。

Q3. Q1において，画素数を1024×1024から512×512に減らすと，データ量は何メガバイトになるか。

問3 音の表現

Q1. 次のような音声信号を2ビットで量子化するとする。標本点A〜Fでデジタル化した結果を2進数で示しなさい。

Q2. 音声データの精度を良くする方法として適切なものはどれか。
　ア．サンプリング周波数を低くする。
　イ．サンプリング周期を長くする。
　ウ．量子化の段階数を多くする。

第III部 コンピュータの仕組み

　すべてのコンピュータはハードウェアとソフトウェアによって情報を処理する。ハードウェアは入力装置，出力装置，記憶装置，中央処理装置（CPU）の4大装置によって構成され，ソフトウェアには，特定の用途のために利用されるアプリケーションソフトウェアと，コンピュータを動かすための基本的な機能を持つ基本ソフトウェアがある。

　情報を処理するときには，処理手順を記述したプログラムをあらかじめ記憶装置に記憶させておく必要がある。中央処理装置がプログラムを解読して，データの入力，演算，出力を実行するように各装置に指示をする。プログラムの解読と実行を繰り返すことにより情報が処理される。

　パソコンのハードウェアも4大装置によって構成されるが，補助記憶装置，入力装置，出力装置として利用できる装置には色々あるので，利用目的と各装置の特性を考慮しながら装置を選択することが大切である。

第6章
ハードウェアとソフトウェア

本章の要約

① コンピュータには入力，記憶，演算，制御，出力の5大機能があり，これらを実現するために，ハードウェアは入力装置，出力装置，記憶装置，中央処理装置（CPU）の4大装置によって構成される。

② ソフトウェアは，特定の用途のために利用されるアプリケーションソフトウェアと，コンピュータを動かすための基本的な機能を持つ基本ソフトウェアに分類できる。基本ソフトウェアにはオペレーティングシステム，言語プロセッサ，ミドルウェアなどがある。

③ オペレーティングシステムは，ハードウェアやプログラム，データといったコンピュータ資源の制御と管理を行っており，これらの資源を容易に利用できる機能を利用者やアプリケーションソフトウェアに提供する。

1 ハードウェア

◇コンピュータの5大機能

コンピュータは情報処理を行うために入力，処理，出力の3つの基本機能を持っているが，処理機能はさらに記憶，演算，制御の機能に分けることができる。記憶機能は情報処理に必要なプログラムとデータを記憶し，演算機能は四則演算などの演算を行う。制御機能はプログラムを解読し，プログラムが指示する命令にしたがって入力，記憶，演算，出力の各機能をコントロールする。入力，記憶，演算，制御，出力の5つの機能をコンピュータの5大機能という。

◇コンピュータの4大装置

5大機能を実現するために，コンピュータのハードウェアは入力装置，出力装置，記憶装置，中央処理装置（CPU）の4つの装置によって構成される。

① **入力装置**：プログラムやデータを入力するときに使用する装置である。
② **出力装置**：コンピュータで処理した結果を出力する装置である。入力装置と出力装置をあわせて入出力装置という。
③ **記憶装置**：プログラムやデータを記憶する装置である。記憶装置には主記憶装置（メモリ）と補助記憶装置がある。

- 主記憶装置

    プログラムの実行時にプログラムとデータを記憶する装置である。高速に読み書きできるが，コンピュータの電源を切ると記憶しているプログラムやデータは消えてしまう。また，記憶できる容量にも制限がある。

- 補助記憶装置

    プログラムやデータを長期間保存するときに利用する装置である。電源を切っても記憶が消えることはなく，主記憶装置よりも多量のデータを記憶することができる。

④ **中央処理装置**：制御と演算の2つの機能を持つ装置である。一般にCPUと略称することが多い。加減乗除などの演算，数の大小比較，記憶装置へのデータの読み書き，入出力装置の制御などを行う。

例題6-1　ハードウェア

次の文章の空欄に入る適切な語句を答えよ。

「コンピュータによって情報処理をする時、プログラムとデータは（　ア　）に記憶する。（　イ　）がプログラムを構成する命令を順番に解読し、命令に従って演算を実行したり、その他の装置を制御したりする。（　ア　）のデータは、コンピュータの電源を切ると消えてしまうため、（　ウ　）に保存することにより、後で利用することが可能になる。」

答え　ア：主記憶装置　イ：CPU（中央処理装置）　ウ：補助記憶装置

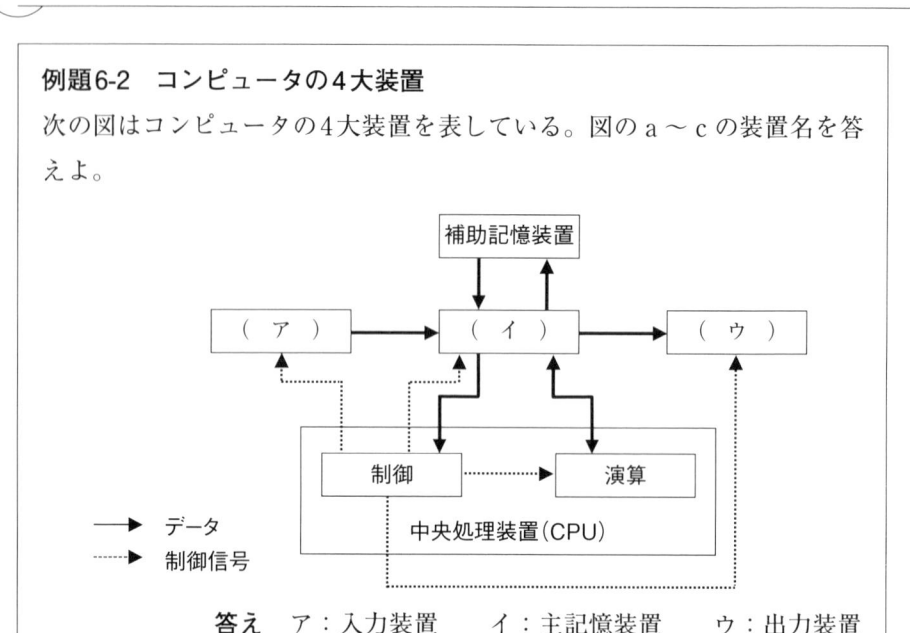

第Ⅲ部　コンピュータの仕組み

例題6-2　コンピュータの4大装置

次の図はコンピュータの4大装置を表している。図のa～cの装置名を答えよ。

```
            補助記憶装置
               ↑↓
  (ア) → (イ) → (ウ)
         ↑↓
       ┌─────────┐
       │ 制御 → 演算 │
       │中央処理装置(CPU)│
       └─────────┘

  → データ
  ┄→ 制御信号
```

答え　ア：入力装置　　イ：主記憶装置　　ウ：出力装置

② ソフトウェア

ソフトウェアは、文書作成や数値計算のような特定の用途のために利用されるアプリケーションソフトウェアと、コンピュータを動かすための基本的な機能を持つ基本ソフトウェアに分類することができる。

◇アプリケーションソフトウェア

代表的なアプリケーションソフトウェアには、文書処理、表計算、画像編集、Webブラウザなどのソフトウェアがある。最近は便利なアプリケーションソフトウェアが数多く市販されている。これらは多くの人によって共通に利用される機能を持っていることから汎用ソフトウェアという。また、すでに開発済みであり購入すればすぐに利用できるところからパッケージソフトウェアともいう。それに対して、特定の企業や人などの用途に応じて個別に開発されたソフトウェアを個別応用ソフトウェアという。個別応用ソフトウェアはプログラム

を作るためのプログラミング言語を利用して開発する。企業は販売管理や人事管理，在庫管理といった業務を支援するソフトウェアを利用しているが，企業によって業務の流れやルールが異なるため，個別に開発されることが多い。しかし，個別に一から開発すると費用や時間がかかるので，最近ではパッケージソフトウェアをカスタマイズして利用する企業も増えている。

◇**基本ソフトウェア**

　基本ソフトウェアは多くのアプリケーションソフトウェアで共通して利用される機能を提供するために開発されたものであり，オペレーティングシステム（OS：Operating System），言語プロセッサ，ミドルウェア（middleware）などがある。

　オペレーティングシステム

　オペレーティングシステムは，ハードウェア，プログラム，データといったコンピュータ資源の制御と管理を行っており，これらの資源を容易に利用できる機能を利用者やアプリケーションソフトウェアに提供する。これにより，アプリケーションソフトウェアはハードウェアの制御やデータの管理を行う必要がなくなる。

　オペレーティングシステムは，プログラムやデータを補助記憶装置に記憶するとき，ファイルという単位で管理する。ファイルには，プログラムを記憶するためのプログラムファイルと，データを記憶するためのデータファイルがある。データファイルはデータの集まりであり，補助記憶装置にデータを記憶したり，記憶されているデータを読み取ったりするときには，ファイルを単位として行う。例えば，ワープロソフトによって作られた文書は1つのファイルとして補助記憶装置に記憶され，これを参照するときにはファイル単位で呼び出して見ることができる。このようなファイル管理以外にも，オペレーティングシステムは，プログラムの実行管理，主記憶装置の記憶域管理，入出力装置の制御，ハードウェアの障害回復などを行う。

　パソコンやワークステーション用の主なオペレーティングシステムを図表6-1に示す。

図表6-1 パソコン／ワークステーション用OS

OSの名称	説明
Windows（ウィンドウズ）	マイクロソフト社が開発したOS。
OS X（オーエス テン）	アップルコンピュータ社のパソコン用OS。
UNIX（ユニックス）	ワークステーション用OS。
Linux（リナックス）	UNIX互換として開発されたOS。オープンソースとして公開されている。

言語プロセッサ

言語プロセッサは個別応用ソフトウェアを開発するためのソフトウェアであり，これにより私たちは効率よくプログラムを作ることができる。

ミドルウェア

ミドルウェアは，多くのアプリケーションソフトウェアで利用され，特定の分野で高度な機能を提供するソフトウェアである。代表的なものとして，データの高度な管理を行うデータベース管理用のソフトウェアや，コンピュータ間の通信を制御する通信制御用のソフトウェアがある。オペレーティングシステムとアプリケーションソフトウェアの中間（ミドル）に位置することからミドルウェアと呼ばれる。

例題6-3　ソフトウェア

次の文章に対応する用語を答えよ。

ア．ワープロソフト，表計算ソフトなど利用者の用途に応じた機能を持つソフトウェア

イ．コンピュータを動かす基本的な機能を持つソフトウェア

ウ．コンピュータ資源の制御と管理を行うソフトウェア

　　答え　ア：アプリケーションソフトウェア
　　　　　イ：基本ソフトウェア　ウ：オペレーティングシステム

③ コンピュータによる処理の流れ

　コンピュータによってどのように情報処理が行われるかを見てみよう。商品の単価と売上数量を入力して売上金額を計算する処理を例にして説明する。

◇プログラムの作成と入力

　コンピュータは足し算や掛け算，大小比較などの基本的な操作を行う命令を持っており，これらの命令をどのような順序で実行するかを記述したものがプログラムである。コンピュータによって情報処理をするには，あらかじめ作成したプログラムをコンピュータに入力して補助記憶装置に記憶させる必要がある。なお，プログラムはプログラミング言語と呼ばれるプログラム作成用の言語を用いて記述するが，ここでは説明の都合上，日本語で示す。

◇プログラムの実行

　オペレーティングシステムに対してプログラムの実行を指示すると，次のように情報処理が行われる。

① プログラムを主記憶装置にコピー

　オペレーティングシステムがプログラムを補助記憶装置から主記憶装置へコピーする。プログラムはプログラム領域に記憶され，単価，売上数量，売上金額といったデータを一時的に記憶するデータ領域が確保される。

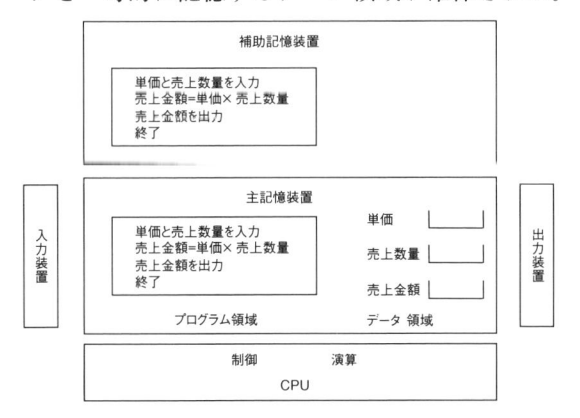

② 単価と売上数量を入力

　CPUがプログラムの1番目の命令を取り出して解読する。「単価と売上数量を入力」という命令なので，CPUの指示により，入力装置がこれらのデータを入力して主記憶装置に記憶する。例えば，単価として200，売上数量として3が入力されたとすると，データ領域は次のように変わる。

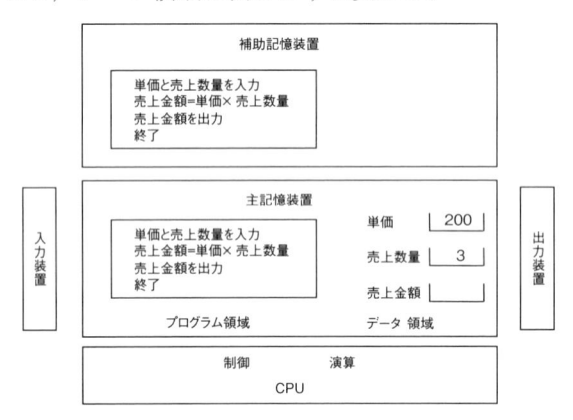

③ 売上金額＝単価×売上数量の計算

　CPUがプログラムの2番目の命令を取り出して解読する。「売上金額＝単価×売上数量」という命令なので，CPUがデータ領域に記憶されている単価と売上数量のデータを取り出して計算し，その結果をデータ領域の売上金額に記憶する。「＝」は右辺で計算した結果を左辺で指定されているデータ領域に記憶することを意味している。

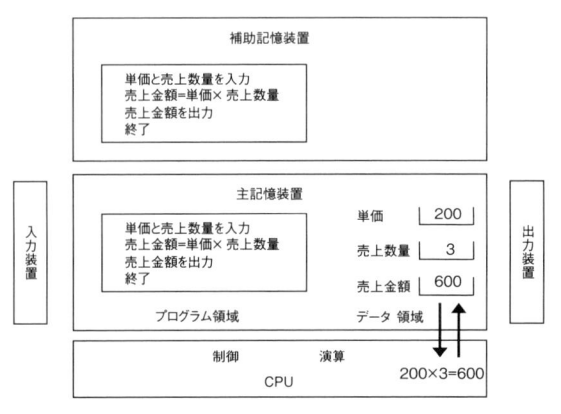

④ 売上金額を出力

CPUがプログラムの3番目の命令を取り出して解読する。「売上金額を出力」という命令なので，CPUの指示により，出力装置がデータ領域の売上金額に記憶されているデータを出力する。

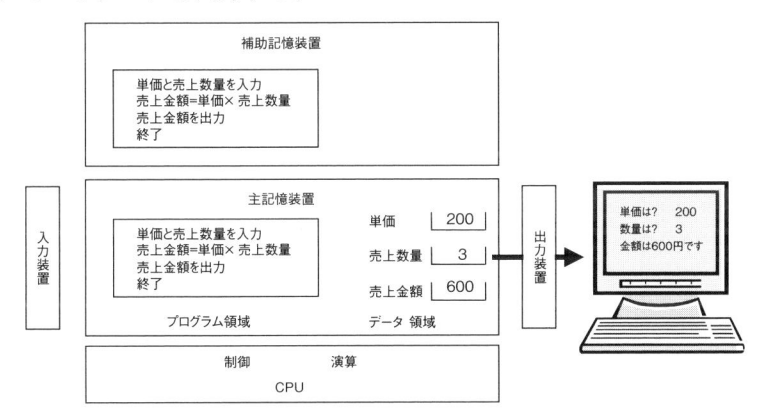

⑤ 終了

CPUがプログラムの4番目の命令を取り出して解読する。「終了」という命令なので，プログラムの実行を終了する。主記憶装置のプログラムとデータは消える。

例題6-4　コンピュータによる処理の流れ

購入した商品の支払金額を計算するプログラムを作成したい。このプログラムは次の4つの命令からできている。命令を実行する順に並べよ。

ア．支払金額を出力
イ．終了
ウ．支払金額＝商品単価×購入数量
エ．商品単価と購入数量を入力

　　　　　　　　　　　　　　　答え　エ　ウ　ア　イ

要点整理

各空欄に入る適切な語句を答えなさい（解答は巻末）。

1. ハードウェア
① コンピュータの5大機能
　コンピュータは情報処理を行うために（　ア　），処理，（　イ　）の3つの基本機能を持っているが，処理機能はさらに（　ウ　），（　エ　），（　オ　）の機能に分けることができる。

② コンピュータの4大装置
・（　カ　）装置：プログラムやデータを入力するときに使用する装置。
・（　キ　）装置：コンピュータで処理した結果を出力する装置。
・（　ク　）装置：プログラムやデータを記憶する装置。
・（　ケ　）装置：各装置の制御や四則演算などを行う装置。

2. ソフトウェア
① アプリケーションソフトウェア
　文書処理や表計算のような特定の用途のために利用されるソフトウェア。

② 基本ソフトウェア
　a．（　ア　）：ハードウェア，プログラム，データといったコンピュータ資源の制御と管理を行う。代表的なOSには次のようなものがある。
　　　・Windows：マイクロソフト社が開発したOS。
　　　・OS X　　：アップルコンピュータ社のパソコン用OS。
　　　・UNIX　　：ワークステーション用OS。
　　　・Linux　　：UNIX互換として開発されたオープンソースのOS。
　b．（　イ　）：アプリケーションソフトウェアを開発するためのソフトウェア。
　c．（　ウ　）：データベース管理など，特定分野で高度な機能を提供する。

練習問題

問1 コンピュータの機能
次の文章のうちコンピュータの機能の説明として適切なものをすべて挙げなさい。
ア．入力，記憶，演算，出力の各機能はすべて制御機能によって制御される。
イ．記憶機能は出力機能に対してデータを出力するように指示する。
ウ．演算機能は制御機能からの指示により四則演算などの演算を行う。
エ．入力機能は制御機能と記憶機能の間でデータの受渡しを行う。
オ．出力機能は記憶機能によって記憶されているデータを出力する。
カ．記憶機能は演算機能に対して演算を指示し，その結果を記憶する。

問2 オペレーティングシステム
パソコンのワープロソフトを使用して文書を作成する時の手順は次のようである。②，③，⑥はOSのどの機能によるものか。解答群の中から選びなさい。

① パソコンの電源を入れる。
② OSが起動しハードウェアに異常がないかチェックする。
③ ワープロソフトを起動する。
④ ワープロソフトを利用して文書を作成する。
⑤ 文書を印刷する。
⑥ 文書をファイルとして保存する。
⑦ ワープロソフトを終了させる。
⑧ OSを終了させる。
⑨ パソコンの電源が切れる。

〔解答群〕
　a．ファイル管理　　　b．プログラム管理　　　c．ハードウェアの操作と管理

問3 コンピュータによる処理の流れ
次のような処理を行うために，ア〜カの命令からできているプログラムを作成した。これらの命令を実行する順に並べなさい。

〔処理〕
商品番号と販売数量を入力し，販売金額を計算して出力装置に出力するとともに，入力されたデータをファイルに保存（出力）する。商品ごとの商品番号と単価はファイルに登録されており，入力された商品番号をもとに単価を知ることができるものとする。なお，入力データを保存するファイルの名前を"販売ファイル"とし，商品番号と単価が登録されているファイルの名前を"商品ファイル"とする。

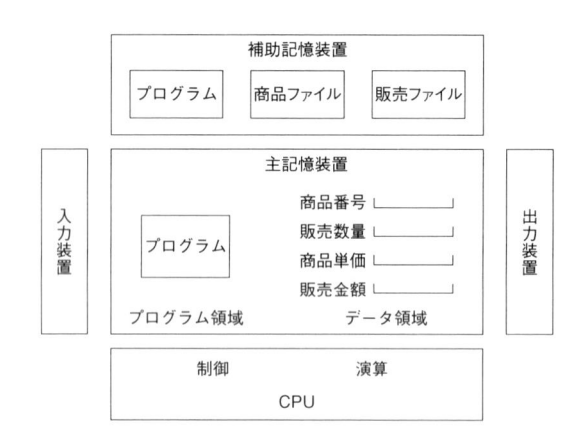

```
                    補助記憶装置
              ┌─────────────────────────┐
              │ プログラム  商品ファイル  販売ファイル │
              └─────────────────────────┘

        ┌──┐   ┌─────────────────────┐   ┌──┐
        │入│   │        主記憶装置      │   │出│
        │力│   │          商品番号 ____ │   │力│
        │装│   │ ┌─────┐ 販売数量 ____ │   │装│
        │置│   │ │プログラム│ 商品単価 ____ │   │置│
        │  │   │ └─────┘ 販売金額 ____ │   │  │
        └──┘   │ プログラム領域  データ領域 │   └──┘
               └─────────────────────┘
               ┌─────────────────────┐
               │   制御        演算    │
               │           CPU        │
               └─────────────────────┘
```

［ファイル］

商品ファイルには次のように商品番号，商品名，単価のデータが商品番号順に並んで記憶されている。

| S001 | 商品A | 1,000円 | S002 | 商品B | 1,200円 | … |

販売ファイルには次のように商品番号，販売数量のデータを販売順に追加して記憶する。

| S001 | 10個 | S003 | 15個 | … |

［命令］

ア．終了
イ．データ領域の「商品番号」と「販売数量」を販売ファイルに出力する。
ウ．販売金額＝商品単価×販売数量
エ．商品の番号と販売数量を入力し，それぞれデータ領域の「商品番号」と「販売数量」に記憶する。
オ．商品ファイルを読み込み（入力），データ領域の「商品番号」をもとに商品の単価を探してデータ領域「商品単価」に記憶する。
カ．販売金額を出力装置に出力する。

第7章
パソコンのハードウェア

本 章 の 要 約

① プログラムを実行するとき，プログラムとデータは主記憶装置に記憶される。CPUは主記憶装置に記憶されているプログラムの解読と演算を行う。

② 補助記憶装置には磁気ディスク，磁気テープ，光ディスク，フラッシュメモリなどがあり，記憶容量，アクセス時間，価格，可搬性などに応じて使い分けられる。

③ 入力装置にはキーボード，マウス，スキャナなどがあり，出力装置にはディスプレイ，プリンタなどがある。

1 パソコンの種類と構成

◇パソコンの種類

　パソコンにはデスクトップパソコンとノートパソコンがある。デスクトップパソコンは机の上に据え置いて使用することを前提にして作られており，ノートパソコンは持ち運びすることを前提にディスプレイ（モニタ）やキーボードがパソコン本体と一体化されている。ノートパソコンが省スペースであるのに対して，デスクトップパソコンは筐体内に物理的なスペースの余裕があるため拡張性に優れているなどの違いがあるが，基本的な構造は同じである。

図表7-1 パソコンの種類

デスクトップパソコン　　　　　　　　ノートパソコン

◇**パソコンの構成**

　パソコンは色々な装置から構成されているが，各々の装置はコンピュータの4大装置のいずれかに相当する。キーボードやマウスは入力装置であり，ディスプレイやプリンタは出力装置である。CPUと主記憶装置は本体内部に取り付けられている。また，補助記憶装置としては，ハードディスク (HDD：Hard Disc Drive) のように本体内部に固定されて取り外しのできないものと，CD (Compact Disc) やDVD (Digital Versatile Disc) のように持ち運び可能なものがある。なお，パソコン本体に接続して使用する入力装置，出力装置，補助記憶装置を周辺装置あるいは周辺機器ということもある。

図表7-2 パソコンを構成する装置

コンピュータの4大装置		パソコンの主な装置
中央処理装置		CPU
入力装置		キーボード，マウスなど
記憶装置	主記憶装置	ROM，RAM
	補助記憶装置	ハードディスク，SSD，CD，DVDなど
出力装置		ディスプレイ（モニタ），プリンタなど

> **例題7-1 補助記憶装置**
> 次の装置のうち補助記憶装置はどれか。
>   ア．ディスプレイ　　イ．プリンタ　　ウ．ハードディスク
>
>   答え　ウ

② CPUと主記憶装置

◇CPU

　プログラムは演算や入出力などの基本的な操作を行う命令の集まりであり，データと同じように2進数の形で主記憶装置に記憶される。2進数で表したプログラムを機械語という。CPUは命令を主記憶装置から順に取り出し，それを解読して実行する。命令の「取り出し」,「解読」,「実行」を実行サイクルといい，プログラムの実行を停止させるための命令が現れるまで繰り返し行われる。

◇CPUの性能指標：クロック周波数

　CPUは，「取り出し」,「解読」,「実行」の各動作を，クロックと呼ばれる周期的な信号にしたがって同期をとりながら行う。1秒あたりのクロック数をクロック周波数といい，Hz（ヘルツ）を単位として表す。クロック周波数が高いほどCPUは高速の動作が可能となるため，CPUの性能指標として用いられることが多い。ただし，1クロックで行われる処理内容がCPUによって異なるため，あくまで目安であることに注意しなければならない。

> **例題7-2　クロック周波数**
> 2GHzで動作するCPUがある。機械語の命令を平均5クロックで実行できるとすると，このCPUは1秒間に何命令実行できるか。
>
> 　　計算式
> 　　　　2×10^9 クロック／秒 ÷ 5クロック／命令 = 400,000,000命令／秒
>
>   答え　4億命令／秒

◇主記憶装置：RAMとROM

主記憶装置にはRAM（Random Access Memory）とROM（Read Only Memory）がある。RAMは読み書き可能だが電源を切ると内容が消えてしまう。それに対して，ROMは読み取り専用だが電源を切っても内容が消えない。データを処理するためのプログラムやデータを記憶させるのはRAMであり，ROMにはパソコンを起動させるためのプログラムなどがパソコンの製造段階で書き込まれている。

◇主記憶装置の性能指標：アクセス時間と記憶容量

主記憶装置の性能指標はアクセス時間と記憶容量である。アクセス時間とは，CPUが主記憶装置との間でデータを取り出したり書き込んだりするのに必要な時間である。また，記憶容量は1時点で記憶できるプログラムとデータの大きさであり，バイトを単位として表現する。多くのプログラムを同時に実行したり大きなデータを処理したりするときには，記憶容量の大きな主記憶装置が必要になる。

3 補助記憶装置

主記憶装置はアクセス時間が短いためCPUで処理するプログラムとデータを記憶するために用いられるが，電源を切ると記憶していたものが消えてしまう，ビットあたりの価格が高い，などの問題がある。そこで，電源を切っても消えることがない大容量の補助記憶装置がプログラムやデータを長期に保存するために用いられる。

◇補助記憶装置の種類

補助記憶装置には，磁気ディスク，磁気テープ，光ディスク，フラッシュメモリなどがある。磁気ディスクの一種であるハードディスクは，アクセス速度が速く大容量であるが，パソコン本体の内部に固定され取り外すことができないため，使用頻度の高いプログラムやデータを記憶させるために使用する。外

部とデータ交換するときは，他の補助記憶装置を使って行う。これらの補助記憶装置は記憶容量，アクセス時間，価格，可搬性（持ち運びできること）などに応じて使い分けられる。

図表7-3 補助記憶装置の種類

種類	説明
磁気ディスク	円盤状の記憶媒体に磁気を使ってデータの読み書きをする。ハードディスクなどがある。
磁気テープ	記憶媒体として磁気を帯びたテープをカセットに格納して使う。アクセス速度が遅いが，大容量で安価であるので，ハードディスクのバックアップなどに利用される。
光ディスク	データの読み書きにレーザ光を利用する。記憶媒体としてCDやDVDなどがある。
フラッシュメモリ	データの書き換え可能な半導体メモリの一種であり，記憶媒体としてSSD，メモリカード，USBメモリなどがある。

◇**ハードディスク**

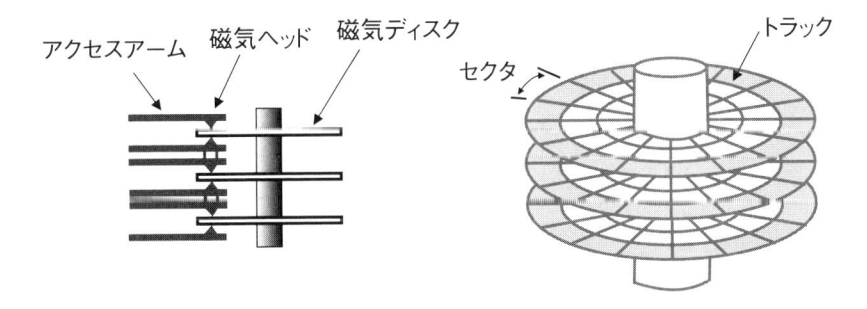

ハードディスクは，磁性体を塗布したディスク（円盤）にデータを記憶するための装置である。

図表7-4 ハードディスク

データは，ディスクの中心から同心円状に分けられたトラック上に記憶される。トラックは中心を通る直線によって扇形に分けられたセクタに分割されている。セクタがデータを記憶する最小単位になるが，通常512バイトの大きさ

である。ディスクは高速に回転しており，アクセスアームが磁気ヘッドをデータが記憶されているトラックの位置まで移動させる。ディスクの回転によって対象のセクタが磁気ヘッドの位置までくると，磁気ヘッドがデータを読み取ったり書き込んだりする。

例題7-3　ハードディスク

ハードディスクがある。トラックあたりのセクタ数が300とすると，トラックあたりの記憶容量は何バイトか。1セクタは512バイトとする。

　計算式

　　1キロバイト＝1024バイトとして計算すると，

　　512バイト／セクタ×300セクタ÷1024＝150キロバイト

答え　150キロバイト

◇**SSD**

　ＳＳＤ（Solid State Drive）はフラッシュメモリを用いる補助記憶装置である。フラッシュメモリは半導体素子によって構成される半導体メモリの一種であり，データの読み書きを行うことができ電源を切っても消えない。ハードディスクではディスクを回転させたり，アームを移動させたりする機構が必要になるが，SSDには機械的に駆動する部品がないため，衝撃に強く故障が起きにくい。また，消費電力や発熱も少なく動作音も発生しない。ハードディスクの代替として利用されているが，価格が高いこともあり，利用頻度の多いデータをSSDに保存し，それ以外をハードディスクに保存するといったように，用途に応じて使い分けることが多い。

◇**USBメモリとメモリカード**

　USBメモリとメモリカードはいずれもフラッシュメモリを内蔵した補助記憶装置であり，小型で持ち運び可能であることが特徴である。USBメモリは，パソコンにキーボードやマウスなどの周辺機器を接続するための規格であるUSB（Universal Serial Bus）を利用した補助記憶装置であり，パソコンのUSB端

子に差し込んで使用する。また、メモリカードはカード型の補助記憶装置であり、非常に小型で電力を消費しないため、ノートパソコンやデジタルカメラ、スマートフォンなどのモバイル機器を中心に広く利用されている。代表的なメモリカード規格には、SD（エスディー）メモリやコンパクトフラッシュ、メモリスティックなどがある。

図表7-5　USBメモリとメモリカード

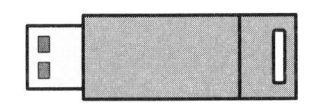

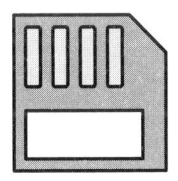

USBメモリ　　　　　　　メモリカード

❹ 入出力装置

　入力装置と出力装置をあわせて入出力装置という。パソコンでは色々な入出力装置を利用できるが、ここでは主な装置について説明する。

◇**入力装置**
キーボード
　キーを指でたたくことで、文字（英字、カナ、数字、記号）を入力する装置である。キーボードの配列はJIS規格で定められたものが一般的だが、キーの数は109が標準である。漢字の入力にはソフトウェアである「かな漢字変換システム」を使用する。

マウス
　ディスプレイの画面上に表示されたウィンドウ、メニュー、アイコン、ボタンといったグラフィックを選択する装置をポインティングデバイスという。マウスは代表的なポインティングデバイスである。マウスの本体を手で持って水平に移動させると、底面のセンサが移動方向と移動距離を検出してコンピュー

タに入力することによって，画面上のカーソル（マウスポインタ）が移動する。センサにはボール式と光学式がある。

スキャナ

紙に印刷された文書や写真などを読み取って画像データに変換する装置である。原稿をガラス台に固定して読取装置を動かしながら読み取るフラットベッドスキャナ，原稿を固定して読取機を手で動かしながら読み取るハンディスキャナなどがある。

図表7-6　スキャナ

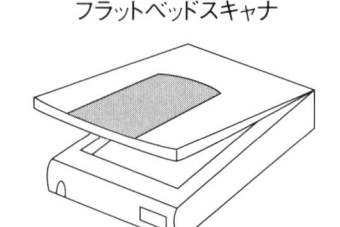

フラットベッドスキャナ　　　　ハンディスキャナ

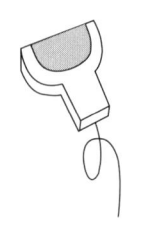

◇出力装置

ディスプレイ

コンピュータからの出力を表示する装置であり，モニタとも呼ばれる。CRT（Cathode Ray Tube）ディスプレイ，液晶ディスプレイなどがある。CRTディスプレイは色の再現性が高く安価であるため，長らくモニタの主流であったが，本体が大きく消費電力も大きいため，最近では低価格化が進み省スペース，低消費電力の液晶ディスプレイが主流になっている。

ディスプレイの性能指標は画面サイズ，解像度と色数，垂直走査周波数である。画面サイズは画面の対角線の長さをインチで表したものであり，デスクトップパソコンでは17〜24インチが一般的である。解像度は横と縦のドット数（画素数）で表すが，XGA（1024×768ドット），SXGA（1280×1024ドット），UXGA（1600×1200ドット），QXGA（2048×1536ドット）などの規格がある。色数はフルカラーで約1670万色表示可能である。垂直走査周波数は，ディスプレイが1秒間に画面を書き換える回数であり，単位はHz（ヘルツ）であ

る。70Hz以上だと画面のちらつきが気にならない。

図表7-7 ディスプレイ

CRTディスプレイ　　　　　　　液晶ディスプレイ

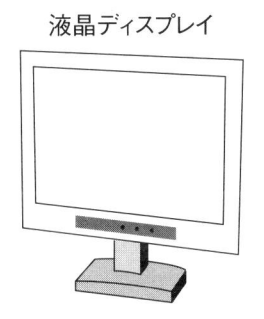

プリンタ

文字や画像などを紙に印刷する装置であり，インクジェットプリンタやレーザプリンタなどがある。

・インクジェットプリンタ

ノズルの先端からインクを噴射して印刷するプリンタである。印字品質がよく安価なことから，主に個人や小規模オフィスなどで利用されている。

・レーザプリンタ

コピー機と同様，感光ドラムにトナーを付着させて印刷するプリンタである。高速で印字品質もよいが高価なため，主に業務用に利用されている。

図表7-8 プリンタ

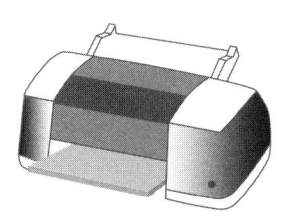

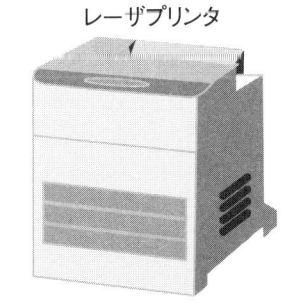

インクジェットプリンタ　　　　　　レーザプリンタ

要点整理

各空欄に入る適切な語句を答えなさい（解答は巻末）。

1．パソコンの種類と構成

パソコンにはデスクトップパソコンとノートパソコンがあるが，いずれも次の装置から構成されている。

・CPU
・主記憶装置
・（　ア　）装置…ハードディスク，SSD，CDなど。
・（　イ　）装置…キーボード，マウスなど。
・（　ウ　）装置…ディスプレイ（モニタ），プリンタなど。

パソコン本体に接続して使用する入力装置，出力装置，補助記憶装置を（　エ　）装置あるいは（　エ　）機器という。

2．CPUと主記憶装置

・CPU
　（　ア　）と（　イ　）の2つの機能がある。性能指標の1つとして（　ウ　）がある。
・主記憶装置
　読み書き可能な（　エ　）と読み取り専用のROMがある。性能指標は（　オ　）と（　カ　）である。

3．補助記憶装置

・（　ア　）：円盤状の記憶媒体に磁気を使ってデータの読み書きをする。
・（　イ　）：記憶媒体として磁気を帯びたテープを利用する。
・（　ウ　）：データの読み書きにレーザ光を利用する。
・（　エ　）：データの書き換え可能な半導体メモリの一種である。

4．入出力装置

① 入力装置

・（　ア　）：キーを指でたたくことで文字を入力する装置。
・（　イ　）：マウスポインタを操作して画面上のグラフィックを選択する装置。
・（　ウ　）：紙に印刷された文書や写真などを読み取る装置。

② 出力装置

・（　エ　）：コンピュータからの出力を表示する装置。モニタとも呼ばれる。
・（　オ　）：文字や画像などを紙に印刷する装置。

練習問題

問1　CPU

1GHzで動作するCPUがある。あるプログラムで1つの命令を実行するのに必要なクロック数を調べたところ，平均5クロックであった。このプログラムの場合，CPUは1秒間に何命令実行できるといえるか。

問2　入出力装置

次のような場合，どのような入出力装置を利用したらよいか。

ア．パソコンに文字を入力したい。
イ．画面に表示されているメニューやアイコンなどのグラフィックを選択したい。
ウ．手書きの文書を読み取ってパソコンに入力したい。
エ．コンピュータで処理した結果を表示したい。
オ．コンピュータで処理した結果を紙に印刷したい。

問3　ファイルによるデータ管理

ある会社が社員のデータをファイルとして管理することにした。管理したい社員データの項目は，社員番号，氏名，性別，年齢，所属部門コードであり，これらのデータの種別，桁数または文字数，バイト数は次の通りである。

データ項目	種別	桁数，文字数	バイト数	備考
社員番号	英数字	6文字	6	
氏名	漢字	最大10文字	?	
性別	数値	1桁	1	1：男　2：女とする。
年齢	数値	2桁	1	
所属部門コード	英数字	2文字	?	01：経理課など

Q1．氏名および所属部門コードを記憶するのに必要なバイト数はどれだけか。
Q2．社員一人あたりのデータを記憶するのに必要なバイト数はどれだけか。
Q3．10,000人の社員のデータを1つのファイルで管理すると，ファイルの大きさは何バイトになるか。1キロバイト≒1000バイトとして計算しなさい。
Q4．このファイルを，トラックあたりのセクタ数300，1セクタ512バイトのハードディスクに保存すると，何トラック必要になるか。1キロバイト＝1024バイトとして計算しなさい。

第IV部 コンピュータによる情報処理

　コンピュータを利用して問題解決を行うときには，問題の解法や情報処理の手順であるアルゴリズムを検討した上で，プログラムを作成するとともに，データを管理するためのファイルやデータベースを設計する。

　一般に，アルゴリズムは文章やフローチャート（流れ図）のような図式によって表現する。アルゴリズムをもとにプログラミング言語を利用してプログラムを作成する。プログラミング言語には，記号を使ってコンピュータの命令を記述するアセンブラ言語と，人間の言葉に近く高機能を持ちコンピュータの機種に依存しない高水準言語がある。

　特定の人やプログラムによってしか利用されないデータはファイルとして管理すればよいが，多くの人やプログラムによって共有されるデータはデータベースとして管理する。データベース技術にはいくつかあるが，広く利用されているのはリレーショナルデータベースである。リレーショナルデータベースはデータを2次元の表形式で表現するのが特徴である。

第8章
アルゴリズム

本章の要約

① コンピュータを利用して問題解決を行うときには，問題解決の目的と条件を確認した上で，問題の解決方法（解法）とそれに必要な情報処理の手順を考えてプログラムを作成する。問題の解法や情報処理の手順をアルゴリズムという。

② アルゴリズムは文章やフローチャート（流れ図）のような図式によって表現する。

③ アルゴリズムは，順次，選択，繰り返しの3つの基本構造を組み合わせることによって作ることができる。

1 アルゴリズムとフローチャート

◇アルゴリズム

　コンピュータを利用して問題解決を行うときには，問題解決の目的と条件を確認した上で，問題の解決方法（解法）とそれに必要な情報処理の手順を考えてプログラムを作成する。問題の解法や情報処理の手順をアルゴリズムという。

　アルゴリズムは抽象的なものであって，コンピュータは理解することができない。アルゴリズムをコンピュータで処理できるように特定のプログラミング言語を用いて記述したものがプログラムである。

第8章 アルゴリズム

◇**フローチャート**

アルゴリズムは文章やフローチャート（流れ図）のような図式によって表現する。フローチャートを作成するための記号は，日本工業規格であるJIS X0121によって定められている。

図表8-1 主なフローチャート記号（JIS X0121）

名称	記号	内容
端子	 （角丸長方形）	フローチャートの開始と終了
データ	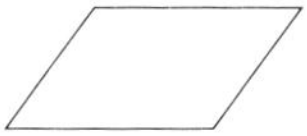 （平行四辺形）	データの入出力
処理	 （長方形）	演算などの処理
判断	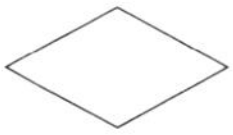 （ひし形）	条件による分岐
ループ始端	 （下向き六角形）	ループ（繰り返し）の始まり
ループ終端	 （上向き六角形）	ループの終わり
線	────	制御の流れ

第Ⅳ部 コンピュータによる情報処理

例題8-1 アルゴリズム

数字を書いたカードが3枚あり，それぞれ箱に入っている。これらのカードを左から小さい順に並べ替えるアルゴリズムは次のようになる。空欄に入る語句を答えよ。

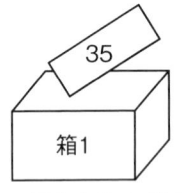

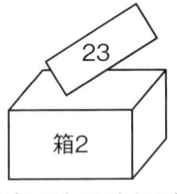

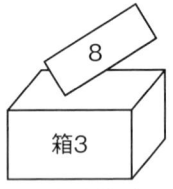

[箱1: 35 箱2: 23 箱3: 8]

手順1　箱1よりも箱2の数字が小さければ，カードを交換する。
手順2　箱2よりも（　ア　）の数字が小さければ，カードを交換する。
手順3　（　イ　）よりも箱2の数字が小さければ，カードを交換する。

　　　　　　　　　　　　　　答え　ア：箱3　　イ：箱1

---

2 アルゴリズムの例

次の例を用いて，情報処理のためのアルゴリズムについて説明する。

> 例　商品の単価と売上数量を入力し，売上金額を計算して表示する。

(1) アルゴリズムの検討

コンピュータは，主記憶装置にデータを記憶し，これらのデータの間で四則演算などの演算を行いながら情報処理を行う。プログラムでは，主記憶装置上のデータを記憶する場所を変数といい，変数に記憶されているデータの処理方法を命令という。通常，プログラムはいくつかの変数を必要とするため，個々の変数に名前をつけて区別する。これを変数名という。変数の記憶内容は，プログラムの実行中に自由に変更できる。上記の例の場合，単価，売上数量，売上金額の3つのデータを記憶する変数が必要になる。これらの変数名をそれぞれA，B，Cとすれば，プログラムによる処理手順は図表8-2のようになる。

図表8-2 プログラムによる処理手順（例）

① 単価のデータを入力し，変数Aに記憶する。

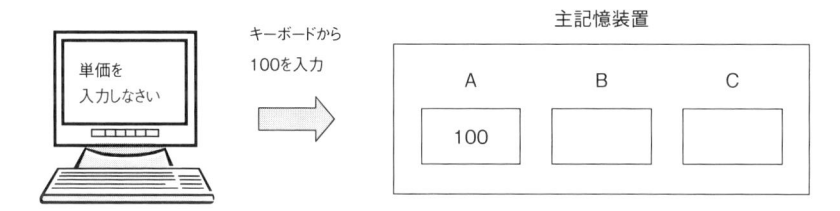

② 売上数量のデータを入力し，変数Bに記憶する。

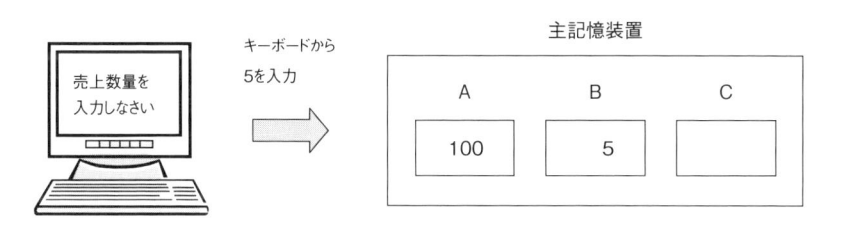

③ 変数Aと変数Bに記憶されているデータの積を計算し，結果を変数Cに記憶する。

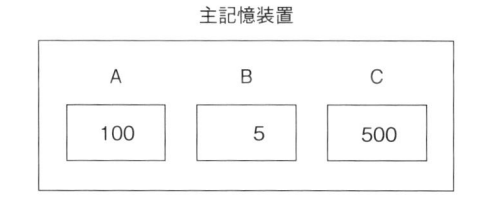

④ 変数Cに記憶されているデータを表示する。

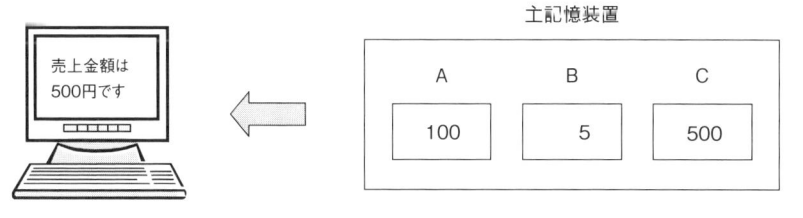

(2) アルゴリズムの表現

アルゴリズムを文章とフローチャートによって表現すると，図表8-3のようになる。

図表8-3 アルゴリズムの表現（例）

文章による表現

① 単価のデータを入力し，変数Aに記憶する。
② 売上数量のデータを入力し，変数Bに記憶する。
③ 変数Aと変数Bに記憶されているデータの積を計算し，結果を変数Cに記憶する。
④ 変数Cに記憶されているデータを表示する。

フローチャートによる表現

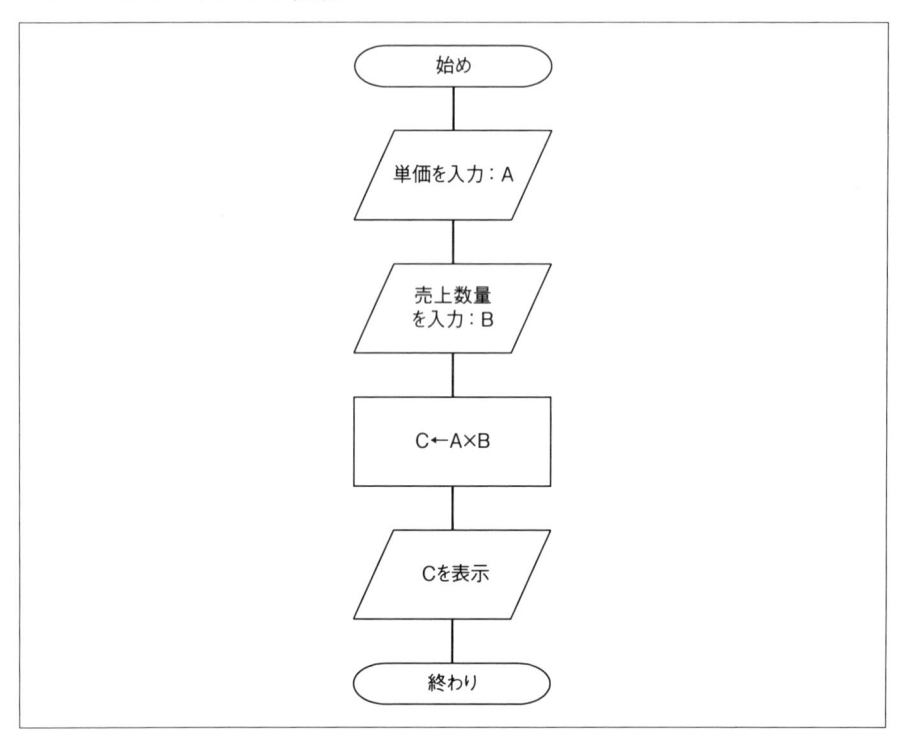

```
     始め
      │
  ┌───────┐
 /単価を入力：A/
 └───────┘
      │
  ┌───────┐
 /売上数量  /
 /を入力：B /
 └───────┘
      │
  ┌───────┐
  │ C←A×B │
  └───────┘
      │
  ┌───────┐
 / Cを表示 /
 └───────┘
      │
     終わり
```

フローチャート中の矢印（←）は右辺の計算結果を左辺の変数に代入するという意味である。代入の結果，左辺の変数に記憶されるデータは右辺の値に置き換わる。「A×B」は変数Aと変数Bに記憶されているデータの積を計算するという意味である。また，「単価を入力：A」は，単価を入力して変数Aに記憶することを意味している。

３ アルゴリズムの基本構造

アルゴリズムは，順次，選択，繰り返し（ループ）の3つの基本構造を組み合わせることによって作ることができる。

図表8-4　アルゴリズムの基本構造

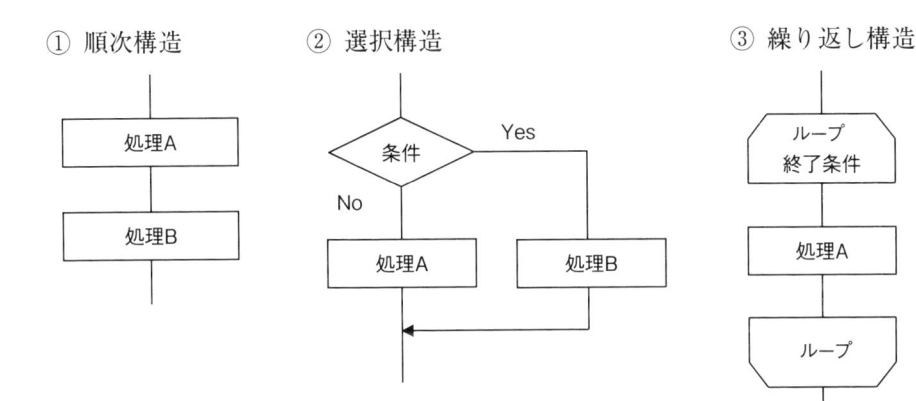

① 順次構造　　　　② 選択構造　　　　　　　　③ 繰り返し構造

順次構造：直線的に処理を行う構造
選択構造：条件により処理が分かれる構造
繰り返し構造：一連の処理を繰り返し実行する構造

（1）順次構造

直線的に処理を行う構造であり，原則として上から下へ順に処理する。図表8-4の例では，処理Aを実行した後，処理Bを実行する。

> 例　変数aの値を入力し，それに100を掛けた結果を表示する。

[文章による表現]

① 変数aにデータを入力する。
② 変数aのデータに100を掛け，変数bに代入する。
③ 変数bのデータを表示する。

[フローチャートによる表現]

```
始め
↓
aを入力
↓
b←a×100
↓
bを表示
↓
終わり
```

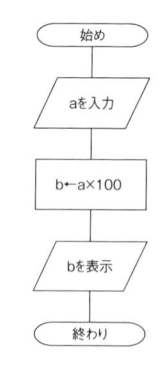

(2) 選択構造

条件により処理が分かれる構造である。図表8-4の例では，条件が正しいとき（Yes）は処理Bを実行し，正しくないとき（No）は処理Aを実行する。

> 例　変数aにデータを入力し，100以上であれば50を加算し，100未満であれば100を加算する。加算した結果は変数bに代入して表示する。

[文章による表現]

① 変数aにデータを入力する。
② 変数aのデータが100以上ならば
③ 変数aに50を加算して，変数bに代入する。
④ 変数aのデータが100未満ならば
⑤ 変数aに100を加算して，変数bに代入する。
⑥ 変数bのデータを表示する。

[フローチャートによる表現]

```
始め
↓
aを入力
↓
a≧100 ── Yes → b←a+50
│No              │
↓                │
b←a+100          │
↓←───────────────┘
bを表示
↓
終わり
```

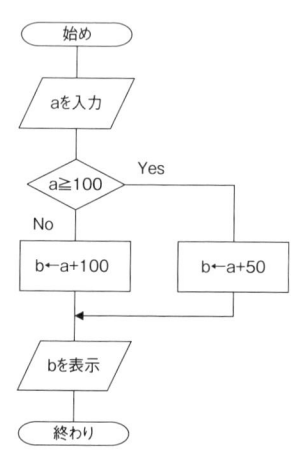

(3) 繰り返し構造

条件が満たされている間，一連の処理を繰り返し実行する構造である。図表8-4の例では，ループの条件が満たされている間，処理Aが実行される。

> 例　1から10までの整数値を2乗した値を表示する。

[文章による表現]

① 変数aのデータを1から10まで1ずつ増やしながら繰り返す。
② 変数aのデータを2乗し，変数bに代入する。
③ 変数bのデータを表示する。
④ 変数aの繰り返しはここまで。

[フローチャートによる表現]

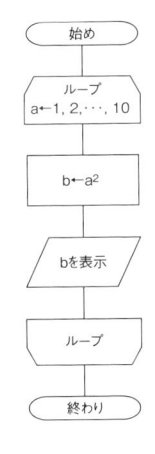

（始め → ループ a←1, 2, …, 10 → b←a^2 → bを表示 → ループ → 終わり）

例題8-2　フローチャートによるアルゴリズムの表現

次のような処理を行うためのフローチャートを完成させよ。
「変数a，変数bの値を入力し，その和を計算して表示する。」

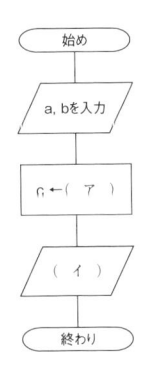

（始め → a, bを入力 → c←(ア) → (イ) → 終わり）

答え　ア： a + b　　イ：cを表示

要点整理

各空欄に入る適切な語句を答えなさい（解答は巻末）。

1. アルゴリズムとフローチャート
① アルゴリズム
問題の解法や情報処理の手順を（　ア　）という。アルゴリズムを検討するときには，まず問題をどのような方法で解決するかという解法を考え，それをプログラムによる処理手順にまで詳細化していく。

② フローチャート
アルゴリズムは（　イ　）や（　ウ　）のような図式によって表現する。

2. アルゴリズムの基本構造
アルゴリズムは，順次，選択，繰り返しの3つの基本構造を組み合わせることによって作ることができる。
- （　ア　）構造：直線的に処理を行う構造。原則として上から下へ順に処理する。
- （　イ　）構造：条件により処理が分かれる構造。
- （　ウ　）構造：条件が満たされている間，一連の処理を繰り返し実行する構造。

練習問題

問1　アルゴリズムとフローチャート

Q1, Q2のような情報処理を行いたい。フローチャートの空欄に入る適切な語句を答えなさい。

Q1. 変数a, 変数bの値を入力し、その和と積を計算して表示する。

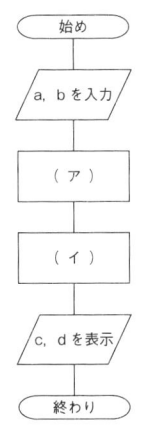

```
始め
 ↓
a, b を入力
 ↓
( ア )
 ↓
( イ )
 ↓
c, d を表示
 ↓
終わり
```

Q2. 得点を入力し、60点以上であれば"合格"、60点未満なら"不合格"と表示する。

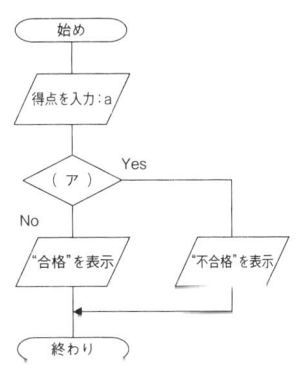

```
始め
 ↓
得点を入力：a
 ↓
( ア ) ── Yes →
 │ No          │
 ↓             ↓
"合格"を表示   "不合格"を表示
 ↓←────────────┘
終わり
```

問2　フローチャートの作成

次の情報処理のためのフローチャートを作成しなさい。

「商品の販売個数を入力し、販売金額を計算して表示する。ただし、販売単価は、販売個数が10個以上の時は900円、10個未満の時は1,000円である。」

第9章
プログラミング

本章の要約

① プログラムを作成することをプログラミングという。コンピュータが理解できる機械語は人間にとって記述したり解読したりするのが難しいので，人間の言葉に近いプログラミング言語が考案された。
② プログラミングは，「プログラム設計」，「コーディング」，「プログラムの翻訳」，「テスト・デバッグ」，「プログラムの実行」の順に行う。
③ プログラミング言語には，記号を使ってコンピュータの命令を記述するアセンブラ言語と，FORTRAN，COBOL，BASIC，C，JAVAなどの高水準言語がある。
④ プログラミング言語ごとに変数や命令の記述方法が文法として規定されており，プログラムを作成するときには，文法にしたがって処理の手順を記述する。

1 プログラミング

◇機械語とプログラミング言語

　フローチャートなどで記述されたアルゴリズムは，プログラムにすることによってはじめてコンピュータで処理できるようになる。プログラムを作成することをプログラミングという。コンピュータが理解できるプログラムは2進数の形で命令を記述した機械語である。機械語は人間にとって記述したり解読したりするのが難しいので，人間の言葉に近いプログラミング言語が考案された。プログラミング言語によって記述されたプログラムは，機械語に変換することによってコンピュータで実行することが可能になる。機械語に変換することを翻訳という。

図表9-1 アルゴリズムとプログラム

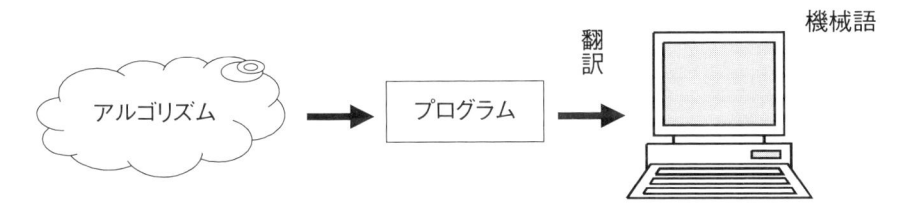

◇プログラミングの手順

一般に，プログラミングは次のような手順で行う。

① プログラム設計

アルゴリズムをもとに，プログラムの仕様を設計する。

② コーディング

プログラムの仕様をもとに，プログラミング言語を用いてプログラムを記述する。プログラムを記述する作業をコーディングという。

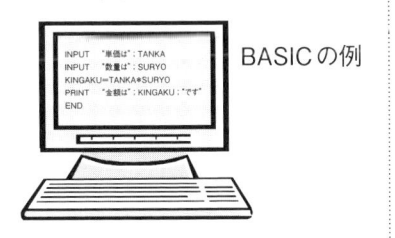

BASICの例

③ プログラムの翻訳（コンパイル）

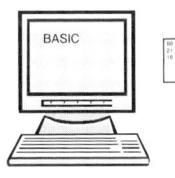

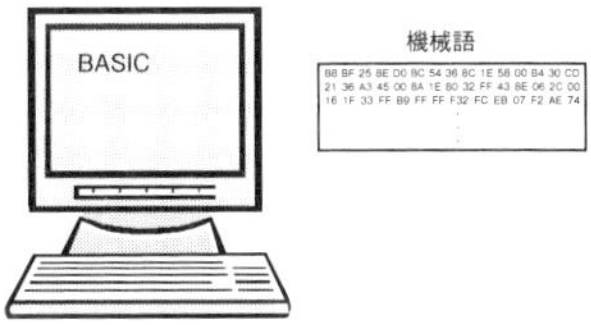

プログラムをコンピュータに入力し機械語に翻訳する。翻訳することをコンパイルといい，そのためのソフトウェアをコンパイラという。

④ テスト・デバッグ

プログラムが仕様どおりに動作するかどうかを確認する。プログラムの間違いや記述ミスがあれば修正し，再度動作確認する。プログラムの動作を確認することをテストといい，間違いなどを修正することをデバッグという。

⑤ プログラムの実行

完成したプログラムを利用して実際の処理を行う。

> **例題9-1　プログラミング**
> 次の図はプログラミングの手順を示したものである。空欄に適切な語句を入れよ。
>
> プログラム設計 ➡ （ア） ➡ （イ） ➡ （ウ） ➡ プログラムの実行
>
> **答え**　ア：コーディング　イ：プログラムの翻訳　ウ：テスト・デバッグ

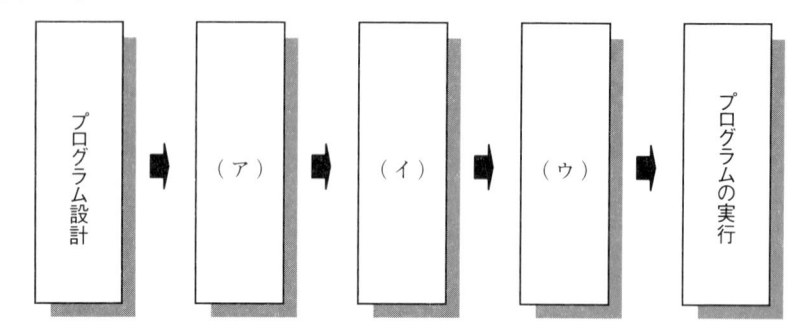

② プログラミング言語

◇アセンブラ言語

　初期のコンピュータでは機械語によってプログラムを作成していたが，機械語によるプログラミングは容易なことではなく，時間もかかるしミスも多かった。そこで，記号を使ってコンピュータの命令を記述するアセンブラ言語が考案された。例えば，足し算は英語のADDの頭文字をとってAという記号で表すようにした。アセンブラ言語の記号はコンピュータの個々の命令ごとに決められており，簡単な計算をする場合にも，多くの記号を書き連ねる必要があった。また，コンピュータの機種が変わると，実行できる命令も変わるため，プログラムを作り直す必要があるなどの問題があった。

◇高水準言語

　やがて人間の言葉に近く，高い機能を持ち，コンピュータの機種に依存しない高水準言語が開発された。高水準言語は用途に応じて色々あるが，図表9-2に示したものが一般に広く利用されている。

図表9-2 主な高水準言語

言語	開発年	特徴
FORTRAN (フォートラン)	1957	最初の高水準言語。数値計算処理に優れており，科学技術計算の分野で使われている。
COBOL (コボル)	1959	事務処理の分野で使われている。大量のデータの処理や，ファイル操作，並べ替えなどの処理が行いやすい。
BASIC (ベーシック)	1965	プログラミングの教育を目的に開発された言語。マイクロソフト社がBASICを拡張して開発したVisual BASICは教育目的以外にも広く利用されている。
C (シー)	1973	OSなど各種ソフトウェアの開発に使われてきた。
C++ (シープラスプラス)	1983	ソフトウェア開発の新しい考え方であるオブジェクト指向を取り入れてC言語を拡張した言語である。
Java (ジャバ)	1995	オブジェクト指向を取り入れ，インターネットなどのネットワーク関連アプリケーションの開発に使われている。

　高水準言語は，機械語に変換する方式によって，インタプリタ型言語とコンパイラ型言語に大別することができる。インタプリタ型言語はプログラムの実行時に逐次翻訳しながら実行する方式であるのに対して，コンパイラ型言語は事前に一括して翻訳しておいて実行する。

③ BASIC言語によるプログラミング

　プログラミング言語ごとに変数や命令の記述方法が文法として規定されており，プログラムを作成するときには，文法にしたがって処理の手順を記述する。プログラムに記述された個々の命令を命令文といい，BASIC言語にはINPUT文，代入文，PRINT文，END文などがある。

第Ⅳ部　コンピュータによる情報処理

◇プログラムの例

BASIC言語を使用して作成したプログラムの例を次に示す。

> 例　キーボードから2つの数を入力し，その積を求めてディスプレイに表示する。
> 　　《ディスプレイ表示例》
> 　　　　数1を入力しなさい？　<u>20</u>
> 　　　　数2を入力しなさい？　<u>30</u>
> 　　　　積は600です

《フローチャート》

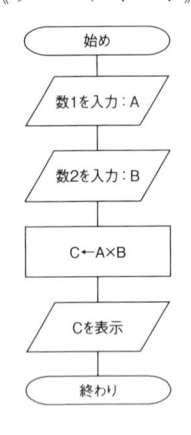

```
　始め
数1を入力：A
数2を入力：B
C←A×B
Cを表示
　終わり
```

《プログラム》

```
① INPUT "数1を入力しなさい"：A
② INPUT "数2を入力しなさい"：B
③ C = A * B
④ PRINT "積は"；C；"です"
⑤ END
```

上記のプログラムの意味は次の通りである。

①"数1を入力しなさい"と表示し，入力されたデータを変数Aに記憶する。

　INPUT文を実行すると，引用符（"）と引用符の間に記述されている文字列と，その右に「？」の記号を表示して，キーボードからの入力を待つ。キーボードから入力されたデータは変数に記憶される。変数にはアルファベット，数字，一部の記号を組み合わせて任意の名前（変数名）をつけることができるので，後でプログラムを見たときに分かりやすい名前にするとよい。

②"数2を入力しなさい"と表示し，入力されたデータを変数Bに記憶する。

③ 変数Aと変数Bのデータの積を計算し,結果を変数Cに代入する。

代入文(=)の右辺には算術式を記述し,左辺には計算結果を代入する変数を指定する。代入によって,左辺の変数に記憶されていたデータは,右辺の計算結果によって置き換えられる。

④ "積は",変数Cのデータ,"です",を順に表示する。

PRINT文を実行すると,引用符と引用符の間に記述されている文字列とともに,変数に記憶されているデータを表示する。複数の文字列または変数が指定されているときは左から順に表示する。

⑤ プログラムの実行を終了する。

END文を実行すると,プログラムの実行を終了する。

◇**算術式**

算術式には変数名のほかに数字を書くことができる。この数字を数値定数といい,プログラムの処理途中で値を変更することはできない。また,+や−などの演算を行うための記号を算術演算子という。

図表9-3 算術演算子

演算子	意味	例
+	加算	X=A+B
−	減算	X=A−B
*	乗算	X=A*B
/	除算	X=A／B
^	べき乗	X=A^2　(A^2)

演算の優先順位

演算の順位は数学と同じであり,次の通りである。演算の順序を変更するために( )を使用することができる。

　　　　① ( )　　　② ^　　　③ * と ／　　　④ + と −

算術式の例

変数Xと変数Yのデータを加算した結果に数値定数である100を掛けて、その結果を変数Aに代入する。

$$A = (X + Y) * 100$$

例題9-2　BASIC言語の文法　―算術式―

次の数式を計算するためのBASIC言語の算術式を記述せよ。

ア．$(X + 100) \div 3$
イ．$(A - B)^2 + 300$
ウ．$(X^2 + Y^2) \div 2$

　　　　　　　　　　答え　ア：$(X + 100) / 3$
　　　　　　　　　　　　　イ：$(A - B) \wedge 2 + 300$
　　　　　　　　　　　　　ウ：$(X \wedge 2 + Y \wedge 2) / 2$

例題9-3　BASIC言語のプログラム

次のような処理を行うためのプログラムを完成させよ。

「英語と数学の得点を入力し、2科目の合計点と平均点を計算して表示する。」

```
INPUT    "英語の得点を入力しなさい。":EIGO
INPUT    "数学の得点を入力しなさい。":SUGAKU
GOKEI = EIGO + （　ア　）
HEIKIN = （　イ　）／2
PRINT    "合計点は";（　ウ　）;"点です。"
PRINT    "平均点は";（　エ　）;"点です。"
END
```

　　答え　ア：SUGAKU　イ：GOKEI　ウ：GOKEI　エ：HEIKIN

要点整理

各空欄に入る適切な語句を答えなさい（解答は巻末）。

1. プログラミング
① 機械語とプログラミング言語
プログラミング言語によって記述されたプログラムは，機械語に（　ア　）することによってコンピュータで実行できるようになる。
- （　イ　）：コンピュータが理解できる2進数の形で記述したプログラム。
- （　ウ　）：プログラムを記述するための言語。人間の言葉に近い。

② プログラミングの手順
- （　エ　）：アルゴリズムをもとに，プログラムの仕様を設計する。
- （　オ　）：プログラミング言語を用いてプログラムを記述する。
- （　カ　）：プログラムをコンピュータに入力し機械語に翻訳する。
- （　キ　）：プログラムの動作確認を行い，間違いがあれば修正する。
- （　ク　）：完成したプログラムを利用して実際の処理を行う。

2. プログラミング言語
① （　ア　）…記号を使ってコンピュータの命令を記述するようにした言語。
② （　イ　）…人間の言葉に近く，高機能で，機種に依存しない言語。
- FORTRAN：最初の高水準言語で，数値計算処理に優れている。
- COBOL　　：事務処理の分野で使われている。
- BASIC　　：教育用言語。初期のパソコンに搭載されていた。
- C　　　　：OSなど各種ソフトウェアの開発に使われてきた。
- C++　　　：オブジェクト指向を取り入れてC言語を拡張した言語である。
- Java　　　：ネットワーク関連アプリケーションの開発に使われている。

3. BASIC言語の命令
- INPUT文　　：キーボードからデータを入力し，変数に記憶する。
- 代入文（=）：右辺で指定した算術式の計算結果を左辺の変数に代入する。
- PRINT文　　：文字列や変数に記憶されているデータを表示する。
- END文　　　：プログラムの実行を終了する。

練習問題

問1 BASIC言語の文法
Q1. 次の数式を計算するためのBASIC言語の算術式を記述しなさい。
　　ア．$(A + B) \times C$　　イ．$A + B \div C$　　ウ．$(A^5 + B) \div C$

Q2. 次の処理を行うBASIC言語の命令を記述しなさい。
　　ア．"金額を入力"と表示し，入力されたデータを変数KINGAKUに記憶する。
　　イ．"計算結果は"，変数Xのデータ，"です"を順に表示する。
　　ウ．プログラムの実行を終了する。

問2 BASICによるプログラミング
Q1，Q2のような処理を行いたい。プログラムを完成させなさい。

Q1. A君，B君，C君の身長を入力し，3人の平均身長を計算して表示する。
```
INPUT  "A君の身長は"; A
INPUT  "B君の身長は"; B
INPUT  "C君の身長は"; C
HEIKIN = (  ア  )
PRINT  "平均身長は";(  イ  );"cmです。"
END
```

Q2. 預金額と年利率を入力し，5年後の元利合計を計算して表示する。
```
INPUT  "預金額は"; YOKIN
INPUT  "年利率は"; R
GOKEI = (  ア  )
PRINT  "元利合計は";(  イ  );"です。"
END
```
（注） N年後の元利合計を計算する式は預金額×(1＋年利率)^{N}である。

問3 フローチャートとプログラミング
次のような処理を行いたい。フローチャートとプログラムを作成しなさい。
「ある動物園の入園料は，大人1,000円，子供500円である。大人と子供の人数を入力し，入園料の合計金額を表示する。」

第10章
ファイルとデータベース

本 章 の 要 約

① 補助記憶装置では関連するデータをひとまとまりにしてファイルという単位で管理する。
② データベースは,データをプログラムから独立させて体系的に管理し,多くの人が同時にかつ安全に共有できるようにしたものである。
③ データベースを管理するソフトウェアをデータベース管理システムといい,「データの独立性」,「冗長性の排除」,「同時処理」,「データの機密性」,「データベースの障害回復」の働きがある。
④ リレーショナルデータベースは,データを2次元の表形式で表現する。データを格納するための表をテーブルといい,テーブルから必要なデータだけを取り出して作った仮想の表をビューという。
⑤ リレーショナルデータベースには,表の作成やデータの登録・抽出といった操作を行うためのデータベース言語としてSQL (Structured Query Language:構造化照会言語) がある。

1 ファイル

◇ファイルによるデータ管理

プログラムはデータを主記憶装置に記憶しながら処理するが,コンピュータの電源を切ると主記憶装置上のデータはすべて消える。データを後で利用したい時は,プログラムの実行を終了する前にハードディスクなどの補助記憶装置に保存しておく必要がある。補助記憶装置では関連するデータをひとまとまりにしてファイルという単位で管理する。

◇データ構造

　一般的にファイルを作成する時にはデータの論理的な構造を考える。例えば，住所録を管理するファイルを作成する場合，図表10-1に示すようなデータ構造を考えることになる。この時，氏名，郵便番号，住所といった1つひとつのデータをフィールド（項目）と呼び，住所録に収録されている特定の人に関するフィールドの集まりをレコードと呼ぶ。

図表10-1　ファイルのデータ構造

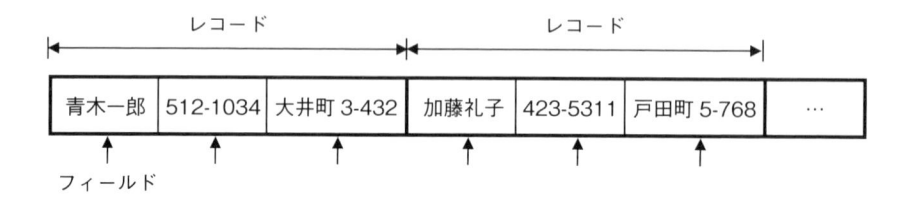

| 青木一郎 | 512-1034 | 大井町 3-432 | 加藤礼子 | 423-5311 | 戸田町 5-768 | … |

↑フィールド

◇ファイル名と拡張子

　ファイルは関連するデータのまとまり毎に作成されるため，コンピュータには多くのファイルが存在する。個々のファイルは固有の名前（ファイル名）をつけることにより識別される。また，Windowsではファイル名の末尾に拡張子を付加することによってファイルの種類を表す。

[Windowsの形式]

　　ファイル名.拡張子

　　例　住所録.dat

図表10-2 拡張子の例（アルファベット順）

拡張子	説明
bmp	ビットマップ形式の静止画ファイル
csv	各項目をカンマ（,）で区切ったテキストファイル
dat	データを保存するのに利用される汎用的なファイル
doc / docx	ワープロソフトウェア「Word」で使われる文書ファイル
exe	実行可能なプログラムファイル
gif	GIF形式の静止画ファイル
jpg / jpeg	JPEG形式の静止画ファイル
mp3	MP3形式の音声ファイル
mpg / mpeg	MPEG形式の動画ファイル
ppt / pptx	プレゼンテーションソフトウェア「PowerPoint」のデータファイル
txt	一般的なテキストファイル
wav	WAVE形式の音声ファイル
xls / xlsx	表計算ソフトウェア「Excel」のデータファイル
zip	ZIP形式の圧縮ファイル

◇**ファイルシステム**

　多くのファイルを補助記憶装置に効率よく格納し，容易に利用できるようにするには，ファイルを管理する仕組みが必要になる。オペレーティングシステムにはファイル管理の仕組みとしてファイルシステムがある。多くのファイルシステムはディレクトリによってファイルを管理する。ディレクトリはファイルの登録簿であり，ファイル名などファイルに関する情報が記録されている。ディレクトリにはファイルを保存できるだけではなく，1つのディレクトリの下に別のディレクトリを作成できることから，ファイルを階層的に分類，整理して管理することができる。なお，Windowsではディレクトリのことをフォルダと呼んでいる。

第Ⅳ部 コンピュータによる情報処理

図表10-3 ファイルシステム

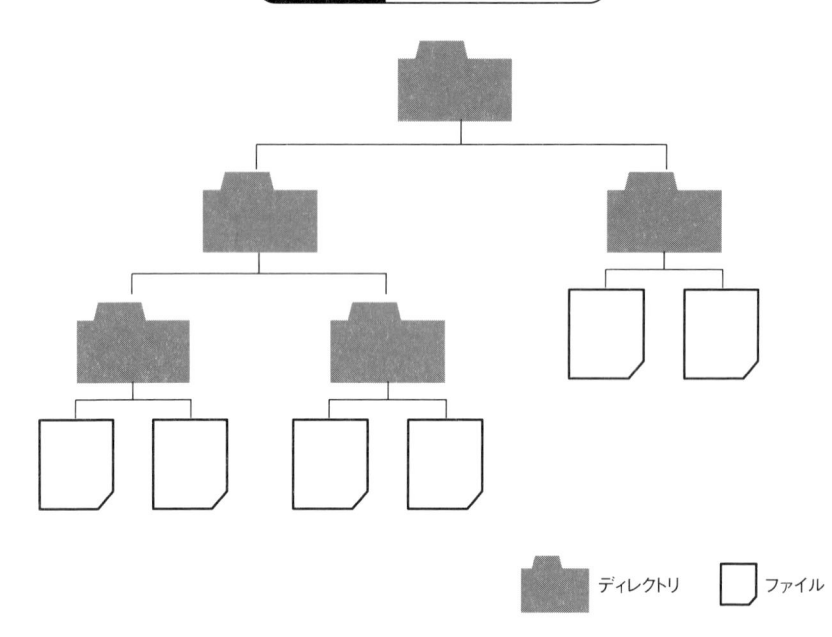

ディレクトリ　　ファイル

◇プログラムによるファイル処理

プログラミング言語によって，データの書き込み，読み込み，更新などの命令が規定されているので，プログラムではこれらの命令を使ってファイル処理を行う。

図表10-4 ファイル処理のためのCOBOLの命令文（一部抜粋）

命令文	意味
READ	ファイルからレコードを読み込む。
WRITE	ファイルへレコードを書き込む。
DELETE	ファイル中のレコードを削除する。
REWRITE	ファイル中のレコードを更新する。

２ データベースの目的

◇ファイルによるデータ管理の問題

　1950年代，コンピュータの利用を開始した企業は，給与計算や会計処理などの計算業務の機械化に着手し，その後，販売管理や在庫管理などに利用範囲を拡大していった。当初，これらの業務で必要なデータはファイルという単位で管理されたが，コンピュータ化される業務が増えるにともない，いくつかの困った問題が起きてきた。

　まず，ファイル間でのデータの重複と矛盾という問題である。例えば，顧客に関する名前，住所などの顧客データは，受注業務や請求業務など色々な業務で利用される。そのため，新しく請求業務をコンピュータ化する場合，既存の顧客ファイルをコピーし，不要なデータの削除と必要なデータの追加により新しいファイルが作られた。その結果，同じ顧客データが複数のファイルで重複して管理されることになり，顧客データが変更になってもすべてのファイルが同時に更新されないため，ファイル間でデータの矛盾が発生するようになったのである。

　次の問題は，プログラムやファイルの変更が困難になったということである。例えば，あるプログラムの変更がファイルの変更を必要とする場合，そのファイルを利用しているすべてのプログラムを変更しなければならない。これは，ファイルのデータ構造がプログラムと密接に関係していることに起因する問題である。

◇オンラインシステムの登場

　1960年代に入ると，列車の座席予約システムや銀行の現金自動支払システムなど，オンラインシステムの開発が本格化した。オンラインシステムはコンピュータと遠隔地に設置された端末装置を通信回線でつないで，多くの人が同時にデータを照会したり更新したりするシステムである。ファイルは一時点では一人の人が利用することを前提にしており，多くの人が同時に利用するオンラインシステムでは使えなかった。

◇データベースの登場

コンピュータ化される業務の増加やオンラインシステムの登場にともなって，ファイルに代わるデータ管理技術として考え出されたのがデータベースである。データベースは，データをプログラムから独立させて体系的に管理し，多くの人が同時かつ安全に共有できるようにしたものである。データベースのデータ構造はプログラムから切り離されているため，プログラムやデータベースの変更が他のプログラムに与える影響は最小化される。

3 データベース管理システム

データベースを管理するソフトウェアをデータベース管理システム（DBMS: DataBase Management System）という。DBMSには次のような働きがある。

① **データの独立性**

データベースに変更があっても，プログラムに影響がでないようにする。

② **冗長性の排除**

データベースを一元管理することにより，データが重複しないようにする。

③ **同時処理**

複数の人が同時にデータベースを利用しても，誤ってデータを更新や削除しないようにする。

④ **データの機密性**

データベースの利用者を許可された人だけに制限する。

⑤ **データベースの障害回復**

コンピュータに障害が発生しても，データベースを正常な状態に回復する。

【補足説明】 同時処理

ある利用者がデータを更新している途中に，別の利用者が同じデータを更新すると正しく処理できないことがある。例えば，列車の座席予約システムを考えてみよう。このシステムでは座席の予約状況がデータベースとして管理されている。Ａさんがある座席の予約状況を確認したところ空席であったので，そ

の座席を予約したとする。Aさんと同時に予約状況を確認したBさんも，Aさんの予約が完了する前であれば空席と判断して予約してしまう。その結果，1つの座席がAさんとBさんに重複して予約されることになる。これを防ぐには，Aさんが座席の予約状況を確認してから予約が完了するまでの間，Bさんの予約処理を待たせる必要がある。これを排他処理といい，複数の人がデータベースを同時に処理するときに必要になる。

❹ リレーショナルデータベース

データベース技術には色々あるが，今日広く利用されているのはリレーショナルデータベース（Relational DataBase：関係型データベース）である。ここでは，リレーショナルデータベースにおけるデータの表現と処理方法について説明する。

(1) データの表現
◇2次元の表形式によるデータ表現
リレーショナルデータベースはデータを2次元の表形式で表現する。例えば，あるスポーツ用品店が商品に関するデータとして商品番号，商品名，販売単価，仕入原価をリレーショナルデータベースによって管理する場合，図表10-5のようになる。

図表10-5　2次元の表形式によるデータ表現

商品番号	商品名	販売単価	仕入原価
A001	ボール	2,000	1,500
B253	バット	10,000	7,000
K121	シューズ	8,000	5,000

◇**表の構造 ―行，列，主キー―**

　表の中の1つひとつのマス目がデータを管理する最小単位である。横に並んだマス目のまとまりを行といい，図表10-5の例では，特定の商品に関するデータが集まったものになっている。行のことをレコードまたはタプル（組）ともいう。また，縦に並んだマス目のまとまりを列という。列のことをフィールド（項目）またはアトリビュート（属性）ともいう。図表10-5では，表の最上段に列の名前が示されており，2行目以降に各行のデータが示されている。また，表の中から特定の行を検索するときに手がかりとなる列を主キーという。主キーに同じ値を設定することはできないため，通常，個々の行に固有の番号をつけ，これを主キーとする。図表10-5の例では，商品番号が主キーである。

例題10-1　主キー
ある会社の社員情報を管理するデータベースがある。主キーとして適切なデータ項目（列）はどれか。
　ア．氏名　　イ．住所　　ウ．社員番号　　エ．生年月日

答え　　ウ

◇**コード化**

　個々の行につけられた固有の番号をコード番号といい，コード番号を設定することをコード化という。コード化するときには，各行のコード番号がユニークになるようなルールを設定すること，行が増えても番号が不足しない桁数にすることなどが大切である。

◇**表の関連づけ**

　複数の表を関連づけてデータを格納したり照会したりするときには，各々の表に共通の列を設定する。例えば，図表10-6に示したように，商品データを管理する表と仕入先データを管理する表に仕入先番号という共通の列を設定することにより，2つの表が関連づけられ，商品の仕入先を照会することができる

ようになる。

図表10-6 表の関連づけ

商品番号	商品名	販売単価	仕入原価	仕入先番号
A001	ボール	2,000	1,500	S31
B253	バット	10,000	7,000	S05
K121	シューズ	8,000	5,000	S52

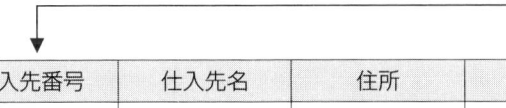

仕入先番号	仕入先名	住所	電話番号
S05	A社	名古屋市	052-○○○-○○○○
S31	M社	浜松市	053-○○○-○○○○
S52	X社	岐阜市	058-○○○-○○○○

(2) 表の種類
◇テーブルとビュー

　リレーショナルデータベースの表にはテーブルとビューの2種類がある。テーブルは実際にデータを格納するための表であり、ビューはプログラムや人が必要とするデータだけをテーブルから取り出して作られた仮想の表である。プログラムはビューを対象として処理を行う。ビューには実際のデータは格納されておらず、テーブル上のデータが更新されるとビューに反映されるし、ビュー上のデータを更新すればテーブル上のデータも更新される。このように、表をテーブルとビューとに分けることにより、データベースを利用するプログラムや人にとってデータ構造がシンプルになって分かりやすくなる。また、ビューによってプログラムを物理的なデータ構造（テーブル）から独立させることができるので、テーブルが変更になっても、ビューが変わらなければプログラムを変更する必要はない。

◇ビューの例

　例えば，商品と仕入先に関するデータが図表10-7に示したようなテーブルに格納されているとする。販売担当者と仕入担当者とでは必要とするデータは異なるので，それぞれ必要とするデータだけをビューとして定義する。

図表10-7　テーブルとビュー

テーブル

商品番号	商品名	販売単価	仕入原価	仕入先番号
A001	ボール	2,000	1,500	S31
B253	バット	10,000	7,000	S05
K121	シューズ	8,000	5,000	S52

仕入先番号	仕入先名	住所	電話番号
S05	A社	名古屋市	052-○○○-○○○○
S31	M社	浜松市	053-○○○-○○○○
S52	X社	岐阜市	058-○○○-○○○○

ビュー

（販売担当者）

商品番号	商品名	販売単価
A001	ボール	2,000
B253	バット	10,000
K121	シューズ	8,000

（仕入担当者）

商品番号	商品名	仕入原価	仕入先名
A001	ボール	1,500	M社
B253	バット	7,000	A社
K121	シューズ	5,000	X社

◇ビューの作成　—選択，射影，結合—

　ビューは別の表（テーブルまたはビュー）から作成するが，その方法には次のようなものがある。

・選択：表の中から指定した条件を満たす行を取り出して別のビューを作る。
・射影：表の中から必要な列だけを取り出して別のビューを作る。
・結合：共通の列をもとに複数の表を結合して新しいビューを作る。

図表 10-8 ビューの作成例

選択の例　単価が7,000円以上の商品の行を取り出す。

商品テーブル

商品番号	商品名	単価	在庫量
S1120	M社ラケットA1型	7,500	10
S1130	M社ラケットA2型	5,500	5
S1535	P社ラケットP1型	8,000	30
S1540	P社ラケットP2型	6,000	0
S1580	P社ラケットP3型	9,500	15
……	……	……	……

⇨

ビュー

商品番号	商品名	単価	在庫量
S1120	M社ラケットA1型	7,500	10
S1535	P社ラケットP1型	8,000	30
S1580	P社ラケットP3型	9,500	15
……	……	……	……

射影の例　商品番号，商品名，在庫量の3つの列だけを取り出す。

商品テーブル

商品番号	商品名	単価	在庫量
S1120	M社ラケットA1型	7,500	10
S1130	M社ラケットA2型	5,500	5
S1535	P社ラケットP1型	8,000	30
S1540	P社ラケットP2型	6,000	0
S1580	P社ラケットP3型	9,500	15
……	……	……	……

⇨

ビュー

商品番号	商品名	在庫量
S1120	M社ラケットA1型	10
S1130	M社ラケットA2型	5
S1535	P社ラケットP1型	30
S1540	P社ラケットP2型	0
S1580	P社ラケットP3型	15
……	……	……

結合の例　売上テーブルと商品テーブルを結合し，月日，顧客番号，商品名，数量の4つの列を取り出す。

売上テーブル

月日	顧客番号	商品番号	数量
9／1	T1120	S1120	10
9／2	T1236	S1535	5
……	……	……	……

商品テーブル

商品番号	商品名	単価	在庫量
S1120	M社ラケットA1型	7,500	10
S1130	M社ラケットA2型	5,500	5
S1535	P社ラケットP1型	8,000	30
S1540	P社ラケットP2型	6,000	0
S1580	P社ラケットP3型	9,500	15
……	……	……	……

⇨

ビュー

月日	顧客番号	商品名	数量
9／1	T1120	M社ラケットA1型	10
9／2	T1236	P社ラケットP1型	5
……	……	……	……

(3) SQLによるデータベース操作
◇**SQL**

リレーショナルデータベースには，表の作成やデータの登録・抽出といった操作を行うためのデータベース言語としてＳＱＬ(エスキューエル)（Structured Query Language：構造化照会言語）がある。SQLではいくつかの命令文（SQL文）が規定されており，プログラムはSQL文を使うことによってデータベースを操作する。SQLは国際的な標準化機構であるANSIやISOなどによって標準規格化されている。

図表10-9　主なSQL文

SQL文	説明
CREATE	表（テーブルまたはビュー）を作成する。
DROP	表を削除する。
SELECT	表から指定した条件を満たす行を抽出する。
INSERT	表に行を追加（挿入）する。
UPDATE	表中のデータを更新する。
DELETE	表から行を削除する。

◇**SELECT文**

ここでは，よく利用されるSELECT文について説明する。

[**構文**]

SELECT文では，抽出したいデータが存在する表と列の名前および抽出条件を指定する。列名として＊を指定するとすべての列のデータが抽出される。また，WHERE以下の抽出条件を省略すると，指定した列中のすべてのデータが抽出される。

　　SELECT　列名，列名，…　FROM　表名　WHERE　条件式

条件式を指定すると，列のデータが指定した値をとる行のみが抽出される。

　　WHERE　列名　比較演算子　値

条件式で利用できる比較演算子には次のようなものがある。

図表10-10 比較演算子

比較演算子	意味	例	説明
＝	等しい	価格＝1000	価格が1,000円である。
＜＞	等しくない	価格＜＞1000	価格が1,000円でない。
＜	小さい	価格＜1000	価格が1,000円未満である。
＞	大きい	価格＞1000	価格が1,000円より高い。
＜＝	小さいか等しい	価格＜＝1000	価格が1,000円以下である。
＞＝	大きいか等しい	価格＞＝1000	価格が1,000円以上である。

色々な条件を組み合わせて抽出を行う場合は，次のような論理演算子を使用する。論理演算子を組み合わせて使用する場合は，演算の優先順位を考慮する必要がある。

図表10-11 論理演算子

論理演算子	書式	意味	優先順位
AND（論理積）	条件1 AND 条件2	条件1と条件2の両方を満たす。 A AND B 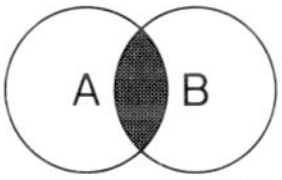	2
OR（論理和）	条件1 OR 条件2	条件1と条件2のいずれかを満たす。 A OR B 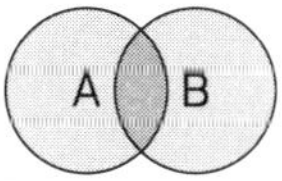	3
NOT（否定）	NOT条件	条件を満たさない。 NOT A 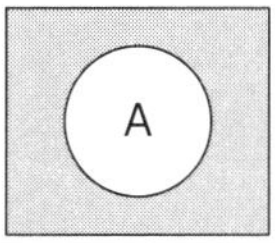	1

[SELECT文の例]

家電販売店A社は商品情報をリレーショナルデータベースで管理している。商品情報を格納する表（テーブルまたはビュー）は商品コード，商品名，メーカー名，販売価格，在庫数の各列から構成されており，名前は商品表である。

商品表

商品コード	商品名	メーカー名	販売価格	在庫数
100	冷蔵庫	A社	200,000	10
120	ポータブル冷蔵庫	D社	100,000	6
200	空気清浄機	C社	70,000	0
300	液晶テレビ	B社	120,000	23
400	エアコン	X社	85,000	15

SELECT文によって次のようなデータが抽出される。

- SELECT　商品コード，商品名　FROM　商品表

（**抽出結果**）

商品コード	商品名
100	冷蔵庫
120	ポータブル冷蔵庫
200	空気清浄機
300	液晶テレビ
400	エアコン

- SELECT　＊　FROM　商品表
　　　　WHERE　販売価格＞＝100000

（**抽出結果**）

商品コード	商品名	メーカー名	販売価格	在庫数
100	冷蔵庫	A社	200,000	10
120	ポータブル冷蔵庫	D社	100,000	6
300	液晶テレビ	B社	120,000	23

- SELECT　商品コード，商品名　FROM　商品表
　　　　WHERE　販売価格＞100000

（抽出結果）

商品コード	商品名
100	冷蔵庫
300	液晶テレビ

- SELECT　＊　FROM　商品表
　　　　WHERE　（販売価格＞＝100000）　AND　（在庫数＞＝10）

（抽出結果）

商品コード	商品名	メーカー名	販売価格	在庫数
100	冷蔵庫	A社	200,000	10
300	液晶テレビ	B社	120,000	23

- SELECT　＊　FROM　商品表
　　　　WHERE　（販売価格＞＝100000）　OR　（在庫数＞＝10）

（抽出結果）

商品コード	商品名	メーカー名	販売価格	在庫数
100	冷蔵庫	A社	200,000	10
120	ポータブル冷蔵庫	D社	100,000	6
300	液晶テレビ	B社	120,000	23
400	エアコン	X社	85,000	15

- SELECT　＊　FROM　商品表
　　　　WHERE　NOT　（販売価格＞＝100000）

（抽出結果）

商品コード	商品名	メーカー名	販売価格	在庫数
200	空気清浄機	C社	70,000	0
400	エアコン	X社	85,000	15

要点整理

各空欄に入る適切な語句を答えなさい（解答は巻末）。

1. ファイル
補助記憶装置では関連するデータをひとまとまりにして（ ア ）という単位で管理する。オペレーティングシステムにはファイル管理の仕組みとして（ イ ）がある。

2. データベースの目的
データベースの目的は，（ ア ）をプログラムから独立させて体系的に管理し，多くの人が同時かつ安全に（ イ ）できるようにすることである。

3. データベース管理システム
データベースを管理するデータベース管理システムには次の働きがある。
- （ ア ）：データベースの変更がプログラムに影響を与えないようにする。
- （ イ ）：データが重複しないように一元管理する。
- （ ウ ）：複数の人が同時にデータベースを利用できるようにする。
- （ エ ）：データベースの利用者を許可された人だけに制限する。
- （ オ ）：障害時にデータベースを正常な状態に回復する。

4. リレーショナルデータベース
リレーショナルデータベースはデータを2次元の（ ア ）形式で表現する。

① 表の構造
- （ イ ）：マス目の横の並び。
- （ ウ ）：マス目の縦の並び。
- （ エ ）：特定の行を検索するときに手がかりとなる列。

② テーブルとビュー
- （ オ ）：実際にデータを格納するための表。
- （ カ ）：プログラムや人が必要とするデータだけを取り出して作られた仮想の表。

③ ビューの作成 —選択，射影，結合—
- （ キ ）：表の中から指定した条件を満たす行を取り出して別のビューを作る。
- （ ク ）：表の中から必要な列だけを取り出して別のビューを作る。
- （ ケ ）：共通の列をもとに複数の表を結合して新しいビューを作る。

④ SQL
表の作成やデータの登録・抽出といった操作を行うためのデータベース言語として，SQLが国際的に標準規格化されている。

練 習 問 題

問1 リレーショナルデータベースの構造
　社員と所属部門に関する次のようなデータをリレーショナルデータベースによって管理することになった。

（データベース化するデータ）
　　社員番号，社員名，性別，年齢，部門コード，部門名

Q1. 社員と部門の2つのテーブルが必要になる。各テーブルの列名を完成させなさい。

社員テーブル

社員番号	社員名	性別	年齢	（ア）

部門テーブル

部門コード	（イ）

Q2. 社員テーブルと部門テーブルの主キーとなる列の名前は何か。

問2 テーブルの定義
　A社は家電の量販店である。新しい販売促進の一環として，顧客の氏名，住所などの顧客情報をリレーショナルデータベースで管理することにより，誕生日に推奨商品のチラシと割引クーポン券を郵送することを検討している。チラシで紹介する推奨商品は，顧客の性別，年齢，購買金額を考慮したものにしたい。次の手順により，テーブルを定義しなさい。

Q1. データベースで管理すべき顧客情報を6つ挙げなさい。ただし，年齢は誕生日から計算できるため，管理しないこととする。
Q2. テーブルの各列に名前をつけなさい。列の名前は，他の列と区別できるように，10文字以内の英数字または漢字を使って，分かりやすいものにしなさい。
Q3. 主キーとなる列を指定しなさい。

問3 データベースの検索
　商品情報を管理するデータベースがある。このデータベースのテーブルは，商品コード，商品名，メーカー名，販売価格，仕入原価，当月仕入数，当月販売数，在庫数の各列から構成されている。このテーブルから次のようなビューを作成して商品を検索することにした。

商品コード	商品名	メーカー名	販売価格	在庫数
100	冷蔵庫	A社	200,000	10
120	エアコン	D社	100,000	6
200	空気清浄機	C社	70,000	0
300	液晶テレビ	B社	120,000	23
400	デジタルカメラ	X社	85,000	15

次の検索条件によって検索される商品はどれか。商品名を答えなさい。

ア．販売価格＜＝100000　AND　在庫数＞＝10

イ．販売価格＞150000　OR　在庫数＞＝20

ウ．NOT　販売価格＞100000

エ．NOT（販売価格＞150000　OR　在庫数＞＝20）

第V部 コンピュータネットワーク

　複数のコンピュータを通信回線で網の目のようにつないだものをコンピュータネットワークといい，構内通信網のLANと広域通信網のWANがある。WANを構築するには電気通信事業者が提供する通信サービスを利用する。ネットワークを通じてコンピュータ間で通信を行うときに考慮しなければいけないのは，通信プロトコル（通信規約）である。インターネットの通信プロトコルであるTCP/IPがデファクトスタンダード（事実上の標準）になっている。

　インターネット上で広く利用されているサービスとしてWWW (World Wide Web)，電子メール，ソーシャルメディアなどがある。WWWでは，世界中のWebページがハイパーリンクによってお互いに関連づけられている。電子メールを利用することにより，非同期コミュニケーション，複数の人への同時送信，文書・画像・音声などの送信が可能になる。また，ツイッターやSNSなどのソーシャルメディアでは，人と人のつながりをベースに，利用者一人ひとりが双方向に情報を発信して交流できる。インターネットを使って商取引を行う電子商取引が企業のビジネスを変えつつある。

第11章
コンピュータネットワークの基礎

本章の要約

① 複数のコンピュータを通信回線で網の目のようにつないだものをコンピュータネットワークといい，構内通信網のLANと広域通信網のWANがある。通信回線の性能指標の１つとして伝送速度があり，bpsを単位として表現される。

② LANのトポロジ（接続形態）には，バス型，リング型，スター型の３種類がある。LANの代表的な規格としてイーサーネットがあるが，低コストでLANを構築できることから広く利用されている。

③ WANを構築するための通信回線には，専用回線と交換回線がある。交換回線には，利用者間で通信を行う方式として回線交換方式と蓄積交換方式とがある。伝送するデータ量と距離および伝送速度に応じて料金が異なるので，これらのことを考慮して電気通信事業者の提供する通信回線を選択する。

④ コンピュータ同士が通信を行うための約束事を通信プロトコル（通信規約）という。通信プロトコルには国際標準のOSI参照モデルやインターネットで標準となっているTCP/IPなどがある。

1 コンピュータネットワークとは

人と人が情報をやりとりすることを通信という。私たちは日常，直接会話をすることによって情報をやりとりしているが，遠く離れた人との間では電話や手紙などによって通信を行っている。コンピュータと通信技術の発達にともない，コンピュータとコンピュータを通信回線でつないで相互に通信できるようになった。複数のコンピュータを通信回線で網の目のようにつないだものをコ

ンピュータネットワークあるいは単にネットワークという。最も代表的なものはインターネットである。今や，コンピュータネットワークは通信のための有効な手段となっている。

◇**コンピュータネットワークの利点**

コンピュータネットワークには，通信の手段以外に次のような利点がある。
- コンピュータ間で大量のデータを広域にわたって高速にやりとりできる。
- ハードディスク，プリンタなどのハードウェア資源や，プログラム，データなどのソフトウェア資源をコンピュータ間で共有できる。
- 情報処理を複数のコンピュータに分散させることにより，各々のコンピュータの負荷を軽減することができる。
- 1台のコンピュータが停止しても，システム全体が停止することはない。

例題11-1 ネットワークによるプリンタの共有

30台のパソコンと何台かのプリンタがネットワークで接続されており，各パソコンからプリンタに印刷することができる。プリンタの印刷速度は1分間に20枚であり，パソコン1台あたりの印刷量は1時間に平均50枚である。プリンタの使用率を平均50%以下にするには，最低何台のプリンタが必要になるか。

計算式
使用率50%のときのプリンタ1台あたり印刷可能枚数
　　　　　　　20枚／分×60分／時×0.5＝600枚／時
印刷量　　　　50枚／台・時×30台＝1500枚／時
プリンタの台数　1500枚／時÷600枚／時＝2.5

答え　3台

117

◇**LANとWAN**

　ネットワークはLAN（Local Area Network：構内通信網）とWAN（Wide Area Network：広域通信網）に大別することができる。

LAN

　LANは同じ建物や構内などの比較的狭い範囲にあるコンピュータや周辺装置をケーブルなどで接続したネットワークである。ネットワークの構築と管理・運用は利用者が行う。

WAN

　WANは広い領域に分散しているコンピュータや周辺装置を相互に接続したネットワークである。ネットワークの構築と管理・運用はNTTなどの電気通信事業者が行う。WANのデータを伝送する速度（伝送速度）はLANに比較して一般に低速であるが，最近では高速の通信回線が提供されるようになった。また，WANを利用してLANとLANを接続することができる。

図表11-1　LANとWAN

	LAN	WAN
ネットワークの敷設場所	同一敷地内	広域
通信回線の伝送速度	高速	一般に低速
ネットワークの構築・管理・運用	利用者	電気通信事業者
通信回線の利用料金	無料	有料

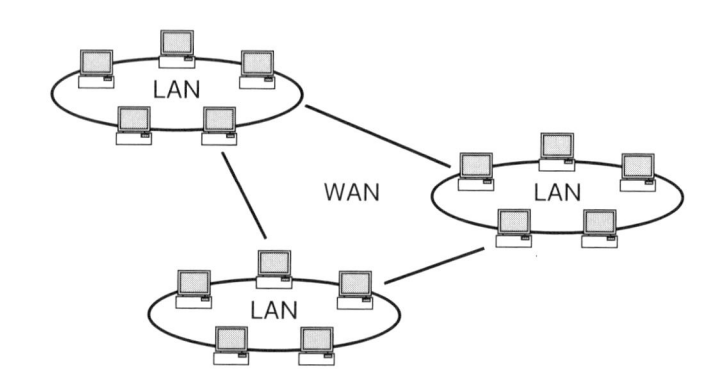

◇通信回線と伝送速度

通信回線はコンピュータとコンピュータの間でデータをやりとりするために用いられる通信線のことである。電気通信事業者の提供する広域通信回線や，LANで利用される構内通信回線がある。通信回線上でデータを伝送する速さのことを伝送速度または通信速度という。伝送速度は1秒間に伝送できるビット数で表現され，bps（bit per second）を単位として表記する。また，kbps（キロビット毎秒：bpsの1000倍），Mbps（メガビット毎秒：kbpsの1000倍），Gbps（ギガビット毎秒：Mbpsの1000倍）の単位も用いられる。例えば，伝送速度が1200bpsの通信回線は1秒間に1200ビット，48kbpsの通信回線は1秒間に48000ビットのデータを伝送できる。

伝送速度は通信回線の能力を100%引き出した場合の値であるが，実際にデータを伝送する際には，伝送を制御するための情報（符号）をやり取りしたり，通信エラーが発生した時にデータを再送したりする必要があるため，通信回線の能力以下のデータ量しか伝送することができない。通信回線の能力のうち実際に伝送できるデータ量の割合を伝送効率といい，通常は60〜80%になる。伝送効率を考慮した伝送時間は次の計算式で求めることができる。

伝送時間＝伝送するデータ量÷（伝送速度×伝送効率）

例題11-2　伝送時間

1000文字からなる英数字データ（半角文字）を伝送速度9600bps，伝送効率80%の通信回線で伝送すると，何秒かかるか。

　計算式
　　伝送するデータ量　　1000文字×1バイト／文字×8ビット／バイト
　　　　　　　　　　　　＝8000ビット
　　伝送時間　　　　　　8000ビット÷（9600ビット／秒×0.8）≒1.04秒

　　　　　　　　　　　　　　　　　　　　　　　　　　答え　1.04秒

---

② LAN

◇トポロジ

　LANでは，データを伝送するためのケーブル（伝送路）を配線して，コンピュータ，周辺装置，通信機器などの各種装置を接続する。その接続形態をトポロジといい，バス型，リング型，スター型の3種類がある。

① **バス型**

　バスと呼ばれる1本の伝送路に複数の装置を接続する形態である。比較的容易にLANを構築できるという利点がある。しかし，装置間でやりとりするデータ量が多くなると，伝送路上でのデータの衝突が多くなり，伝送効率が低下するという問題がある。

② **リング型**

　1本のケーブルをリング（環）状に配線して装置を接続する形態である。トークン（送信権）と呼ばれるデータがリング状の伝送路を巡回しており，トークンを取得した装置だけがデータを送信できる。トークンは一つしかないため，データの衝突は発生しない。

③ **スター型**

　ハブなどの集線装置を中心として，装置を放射状に接続する形態である。ハブに接続するだけで装置の増設が可能であり，LANの構築，変更が容易である。しかし，ハブが故障するとLAN全体に影響するという問題がある。

図表11-2　LANのトポロジ

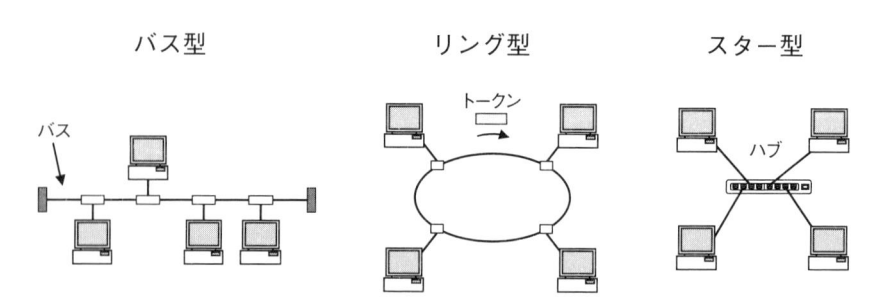

◇LANの規格

　LANの規格はIEEE（米国電気電子技術者協会）によって制定されている。色々な規格があるが，1983年に規格化されたイーサーネット（Ethernet）が広く用いられている。イーサーネットのトポロジはバス型かスター型であり，CSMA/CD（Carrier Sense Multiple Access/Collision Detection）と呼ばれるアクセス制御方式を採用している。CSMA/CDは伝送路上が空いていることを確認してからデータを送信し，複数のコンピュータが同時に送信要求を出してデータが衝突した場合には，一定時間経過後に再送する方式である。データの伝送量が多くなると衝突が増え，伝送時間が長くなるという問題がある。イーサーネットは大量のデータの送受信には向かないが，低コストでLANを構築できることが利点である。

3 WAN

　WANを構築するときは電気通信事業者が提供する通信回線を利用する。伝送するデータ量と距離および伝送速度に応じて料金が異なるので，これらのことを考慮して通信回線を選択する必要がある。通信回線は専用回線と交換回線に大別できる。

◇専用回線

　特定の2拠点に設置されたコンピュータ間を常時接続する通信回線である。通信回線は契約者専用となるため，他の利用者の影響を受けず，伝送時間の安定やセキュリティを確保しやすいなどの利点がある。料金は距離や伝送速度などに応じた定額制である。

◇交換回線

　不特定多数の利用者のコンピュータ間を接続する通信回線である。交換機により回線を切り替えて相手と通信を行うが，その方式には回線交換方式と蓄積交換方式がある。

回線交換方式

一般の電話のように，交換機（回線交換機）によって回線を切り替えて通信相手と接続してから通信を行い，通信が終われば切断する。1度回線を確保すれば通信が終わるまで回線を独占できるので，通信が途中で切れることがない。しかし，データが流れていないときも回線を占有するため，回線の利用効率が悪いという問題がある。接続から切断までの時間と距離で課金される。

図表11-3　回線交換方式

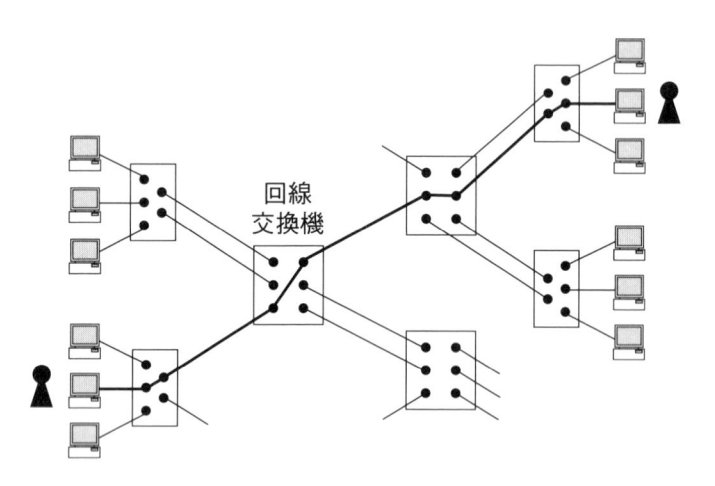

蓄積交換方式

蓄積交換方式は，データを送信すると交換機にいったん蓄積し，交換機が最適な通信経路を選択する方式である。蓄積交換方式の中でも，データをパケットと呼ばれるブロックに分割し，パケットごとに通信経路を選択する方式をパケット交換方式という。

パケット交換方式では，送信側でデータをパケットに分割し，パケットごとに受信側のコンピュータの宛先（アドレス）とデータ内でのパケットの順序番号をつけて送信する。送信されたパケットは交換機に蓄積され，交換機が次に送信する通信経路を選択する。パケットはいくつかの交換機を経由して受信側へ送られるが，受信するパケットの順番は送信順序と異なることがあるので，

受信側でパケットの順序番号をもとに元のデータを組み立てる。インターネットではパケット交換方式により通信が行われ，ルータと呼ばれる装置がパケットを送信する通信経路を選択する。

　回線交換方式では通信相手と接続してから切断するまで回線を占有するが，パケット交換方式では，通信相手と接続することなくパケットごとに通信経路を選択するので，複数の利用者で回線を共有することができる。そのため，パケット交換方式は回線の利用効率が高く，通信経路に故障が生じても別の経路でデータを送ることができるといった利点があるが，伝送にある程度の時間がかかるという問題がある。データ量（パケット数）に応じて課金される。

図表11-4　パケット交換方式とルータ

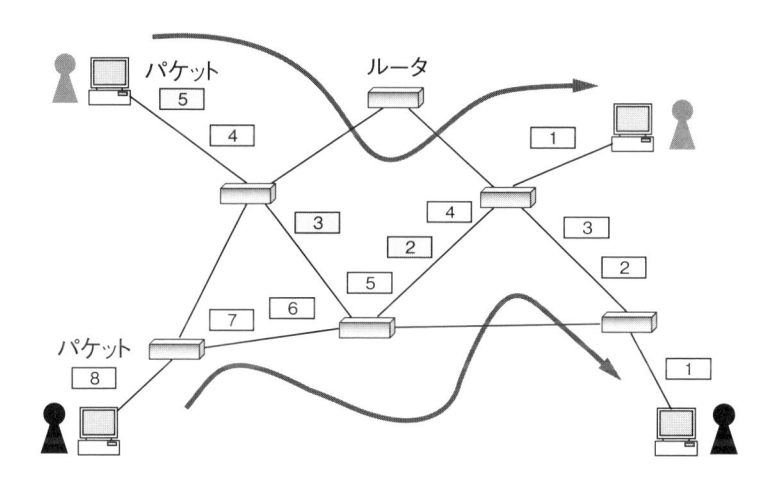

4 通信プロトコル（通信規約）

◇OSI参照モデルとTCP／IP

　ネットワークを介してコンピュータ同士が通信を行うには，相互に決められた約束事が必要になる。この約束事を通信プロトコル（通信規約）という。通

信プロトコルは国際標準化機構（ISO）などによってOSI参照モデルとして標準化されている。現在インターネットで標準となっている通信プロトコルはＴＣＰ／ＩＰ（Transmission Control Protocol/Internet Protocol）である。TCP/IPは，ISOによって国際標準と認められていないが，デファクトスタンダード（事実上の標準）になっている。

◇通信プロトコルの階層

　通信プロトコルはいくつかの層に分けられており，TCP/IPはアプリケーション層，トランスポート層，インターネット層，ネットワーク・インターフェース層の4つの層からなる。TCP（トランスポート層）は送信データをパケットに分割したり元のデータに戻したりするための規約であり，IP（インターネット層）はパケットに宛先を付与し，通信相手の識別と通信経路の選択などを行うための規約である。ネットワーク・インターフェース層は主にLANやWANの物理的なレベルでの規約であり，代表的なものとしてイーサネットがある。また，アプリケーション層は，インターネットによってメールを送受信するメーラやWebページを閲覧するブラウザのようなアプリケーションソフトウェアのレベルでの規約である。

図表11-5　TCP/IPの階層構造

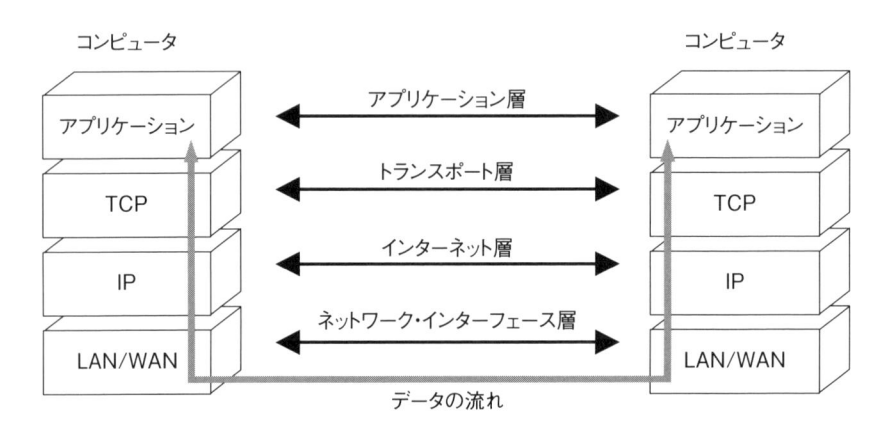

要点整理

各空欄に入る適切な語句を答えなさい（解答は巻末）。

1．コンピュータネットワークとは
コンピュータネットワークは複数のコンピュータを（　ア　）で網の目のようにつないだもの。

① コンピュータネットワークの利点
・コンピュータ間で大量のデータを広域にわたって高速にやりとりできる。
・ハードウェア資源やソフトウェア資源をコンピュータ間で共有できる。
・情報処理を分散させることにより，各々のコンピュータの負荷を軽減できる。
・1台のコンピュータが停止しても，システム全体が停止することはない。

② LANとWAN
・（　イ　）：同じ建物や構内などの比較的狭い範囲のネットワーク。
・（　ウ　）：広い領域に分散しているコンピュータや周辺装置を相互に接続したネットワーク。

③ 通信回線と伝送速度
通信回線はコンピュータ間でデータをやりとりするための通信線のことであり，データを伝送する速さである伝送速度は（　エ　）を単位として表記される。

2．LAN
① トポロジ
・（　ア　）型：バスと呼ばれる一本の伝送路に複数の装置を接続する形態。
・（　イ　）型：一本のケーブルをリング状に配線して装置を接続する形態。
・（　ウ　）型：ハブなどの集線装置を中心として，装置を放射状に接続する形態。

② LANの規格
広く利用されている（　エ　）は，大量のデータの送受信には向かないが，低コストでLANを構築できることが利点である。

3．WAN
① （　ア　）回線…特定の2拠点に設置されたコンピュータ間を常時接続。
② （　イ　）回線…不特定多数の利用者のコンピュータ間を接続。
・（　ウ　）方式：通信相手と接続してから通信を行い，通信が終われば切断。
・（　エ　）方式：データごとに通信経路を選択し，回線を接続することなく伝送。データをパケットに分割して送信する方式を（　オ　）方式という。

125

4. 通信プロトコル（通信規約）
ネットワークを介してコンピュータ同士が通信を行うための約束事。

① **OSI参照モデルとTCP/IP**
- （　ア　）：国際標準化機構（ISO）などによって標準化された規約。
- （　イ　）：インターネットで広く利用され，デファクトスタンダードになっている規約。

② **TCP/IPの4つの階層**
- （　ウ　）：メーラやブラウザのようなアプリケーションレベルでの規約。
- （　エ　）：送信データをパケットに分割したり復元したりするための規約。
- （　オ　）：通信相手の識別と通信経路の選択などを行うための規約。
- （　カ　）：物理的なレベルでの通信を規定する規約。

練習問題

問1　コンピュータネットワーク

X社の営業部では，次の4種類のコンピュータをLANでつないで利用している。

- **事務処理用コンピュータ**：営業部の共有データをデータベースとして管理し，販売管理や経理などの事務処理を行う。
- **ファイル管理用コンピュータ**：社員一人ひとりが作成したWORDやEXCELなどのファイルを管理する。
- **プリンタ管理用コンピュータ**：複数の人からの印刷要求をもとにプリンタに印刷する。
- **個人用コンピュータ**：社員一人ひとりが利用するパソコン。

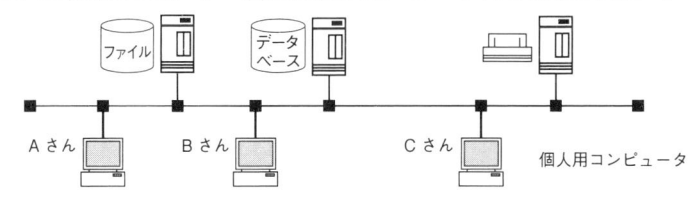

コンピュータネットワークにはa〜dのような利点がある。

　a. コンピュータ間で大量のデータを広域にわたって高速にやりとりできる。
　b. ハードウェア資源やソフトウェア資源をコンピュータ間で共有できる。
　c. 情報処理を分散させることにより，各々のコンピュータの負荷を軽減できる。
　d. 1台のコンピュータが停止しても，システム全体が停止することはない。

次のようなことが可能になるのはどの利点によるものか。

　ア．文書作成や表計算などの作業は個人用コンピュータを利用して行えばよいので，事務処理用コンピュータ1台ですべての処理を行う必要がない。比較的小型のコンピュータを組み合わせて利用すればよく，コンピュータ費用が少なくてすむ。
　イ．個人用コンピュータ間でプリンタを共有できるため，プリンタの台数が少なくてすむ。
　ウ．事務処理用コンピュータが停止しても，個人用ファイルは利用できるので，すべての業務が停止することはない。
　エ．AさんからBさんに文書や表計算などのファイルを送ることができる。

問2　WAN

次のような場合，a.専用回線，b.交換回線（回線交換方式），c.交換回線（パケット交換方式）のどれを利用したらよいか。a，b，cのいずれかで答えなさい。

ア．支店間のデータ通信に利用したい。データ量が多く，高いセキュリティが必要である。

イ．本社と営業所の間のデータ通信に利用したい。1日に送受信するデータ量は少ないが，伝送時間はできるだけ短縮したい。

ウ．本社と工場の間のデータ通信に利用したい。1日に送受信するデータ量は少ない。多少伝送時間がかかっても費用を安くしたい。

問3　伝送速度と伝送時間

伝送速度50kbps，伝送効率60%の通信回線で，1,800キロバイトの画像データを送信したい。画像データを圧縮率50%で圧縮した時にかかる伝送時間を計算しなさい。ただし，1kbps = 1,000bps，1キロバイト ≒ 1,000バイトとする。

問4　ネットワークによるプリンタの共有

20台のパソコンと複数のプリンタがネットワークで接続されており，各パソコンからプリンタに印刷することができる。プリンタの印刷速度は1分間に30枚であり，パソコン1台あたりの印刷量は1時間に平均60枚である。印刷の要求をしてから完了するまでの時間を短くするには，プリンタの使用率を平均50%以下にする必要がある。

Q1．使用率50%のとき，プリンタ1台の1時間あたり印刷可能枚数は何枚か。
Q2．20台のパソコンからの印刷要求は1時間あたり何枚か。
Q3．ネットワークには，最低何台のプリンタを接続する必要があるか。

問5　通信料金

ある通信会社のパケット交換方式による通信サービスの料金には，1パケットあたり0.3円を課金する従量制と，パケット数に関係なく毎月一定額3,000円を課金する定額制がある。1回の電子メールの送受信に平均10パケットが必要であるとすると，1ヵ月あたりの電子メールの送受信回数が何回以上になったら，定額制にしたらよいか。

第12章 インターネット

本 章 の 要 約

① インターネットは世界中のコンピュータネットワークが相互に接続されてできたコンピュータネットワークである。1969年に米国国防総省が実験を開始したARPANETが起源であるとされ，1990年代以降，商用利用が認められたことから急速に広がった。
② 世界中のコンピュータが相互に通信するために，個々のコンピュータはIPアドレスによって識別される。
③ WWW（World Wide Web）では，世界中のWebページがハイパーリンクによってお互いに関連づけられている。電子メールを利用することにより，非同期コミュニケーション，複数の人への同時送信，文書・画像・音声などの送信が可能になる。また，ソーシャルメディアでは，人と人のつながりをベースに双方向に情報を発信して交流できる。
④ コンピュータネットワークを活用して行う商取引を電子商取引（EC：Electronic Commerce）あるいはeコマースという。電子商取引には，取引主体によって，企業間取引，企業－消費者間取引，消費者間取引などがある。

1 インターネットの意味と歴史

(1) インターネットの意味

インターネット（Internet）は，interに「相互の」という意味があり，世界中の企業や教育機関などのコンピュータネットワークが相互に接続されてできたコンピュータネットワークのことである。インターネットのことを「ネット

ワークのネットワーク」ともいう。インターネットによって，時間，空間の制約を越えた世界中の人々とのコミュニケーションが可能になった。

図表12-1　インターネット

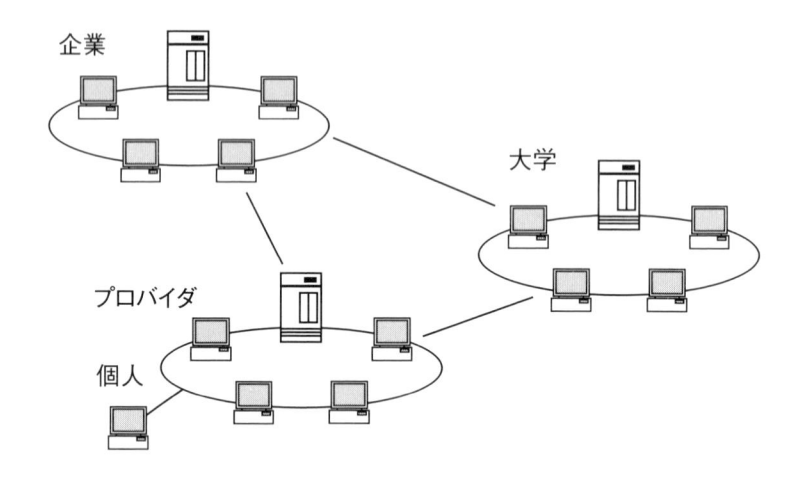

(2) インターネットの歴史
◇インターネットの起源　—ARPANET—
　1961年，米国ユタ州でテロにより3ヶ所の電話中継基地が爆破され，軍用回線も一時的に完全停止した。これを契機に，国防総省の高等研究計画局（ARPA：Advanced Research Projects Agency）は攻撃を受けてもシステム全体が停止することがない新たな通信システムの研究を始めた。1969年には米国内の4ヶ所の大学と研究機関をパケット交換方式で接続したコンピュータネットワークの実験が開始された。このネットワークはARPANET（ARPA NETwork）アーパネットと呼ばれ，インターネットの起源となった。

◇軍事目的から研究目的へ
　その後，1972年に40の大学が参加するなど，ARPANETは全米に広がっていった。1983年には軍事目的のネットワークを分離し，研究目的のネットワークとして運用されることになった。また，この年に，通信プロトコルとして

第12章 インターネット

TCP/IPが正式に採用された。1986年，ARPANETは全米科学財団（NSF：National Science Foundation）のNSFNET（NSF NETwork）と相互接続されて，研究目的のネットワークとしてさらに発展していった。1990年頃までに全米のネットワークがNSFNETを中心として相互接続されるようになり，1990年にARPANETは終了した。

◇**インターネットの商用開始と拡大**

1991年にはNSFNETの商用利用が認められ，民間の営利団体の参入が可能になった。これにより，インターネット接続サービスを提供するプロバイダが出現し，インターネットの一般利用は急速に進んだ。1995年にはNSFNETが終了し，ネットワークの運用・管理は完全に民間に移管された。日本でも，1993年の商用開始を契機としてインターネット利用が拡大していった。

例題12-1　インターネットの起源
1969年に米国国防総省が開始した実験プロジェクトであり，インターネットの起源となったコンピュータネットワークの名称は次のどれか。
　ア．ARPANET　　イ．NSFNET　　ウ．INTERNET

答え　ア

---

② IPアドレスとドメイン名

◇**IPアドレス**

インターネットには世界中のコンピュータが接続されているが，その中の特定のコンピュータとの間でデータを送受信するには，個々のコンピュータを個別に識別できるようにする必要がある。そのために使われるのがIPアドレスである。IPアドレスは個々のコンピュータに割り当てられた固有の番号であり，インターネット上の住所のようなものである。IPアドレスは32ビットであるが，8ビットずつ区切った4つの部分を10進数で表現する。

図表12-2 IPアドレスの表現例

2進数	11000010	10001111	00000101	11010000
10進数	194	143	5	208
IPアドレス	194.143.5.208			

◇**IPv6**

　TCP/IPのIP（Internet Protocol）にはバージョンがあり，今まで利用されてきたのはIPv4（IPバージョン4）である。現在，次世代のIPとして，IPv6（IPバージョン6）の普及促進が進められている。IPv6ではIPアドレスが32ビットから128ビットへ拡張される。インターネットに接続されているコンピュータが急速に増えたことにより，32ビットのIPアドレスではすべてのコンピュータにIPアドレスを割り当てることが困難になりつつある。IPアドレスが128ビットへ拡張されると，ほぼ無限に近いIPアドレスを利用できることになり，コンピュータのみならず，携帯情報端末，家電製品，自動車など，私たちの身の回りにある機器をインターネットに接続することができるようになる。

◇**ドメイン名**

　数字の羅列であるIPアドレスは人間にとって扱いにくいため，通常，アルファベットと数字（と一部の記号）からなるドメイン名を使う。ドメイン名はIPアドレスと1対1で対応しており，DNS（Domain Name System）サーバと呼ばれるコンピュータがIPアドレスとドメイン名の相互変換をする。ドメイン名は，組織名，組織区分，国別コードからなっている。なお，ホスト名は組織が所有するコンピュータの名前であり，通常はドメイン名に含めないが，ホスト名を含めてドメイン名ということもある。アメリカの場合は国別コードがなく，「.com」（営利企業）や「.edu」（教育機関）などの組織区分が使われている。

第12章　インターネット

図表12-3　ドメイン名とホスト名

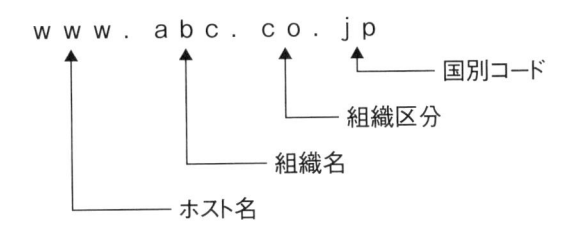

```
www . abc . co . jp
 │     │     │    └── 国別コード
 │     │     └────── 組織区分
 │     └──────────── 組織名
 └────────────────── ホスト名
```

組織区分の例				国別コードの例			
ac	大学など	ne	ネットワークサービス	jp	日本	de	ドイツ
co	企業	gr	任意団体	cn	中国	ru	ロシア
go	政府機関	ed	学校	kr	韓国	it	イタリア
or	非営利法人	lg	地方公共団体等	in	インド	br	ブラジル

図表12-4　DNSサーバ

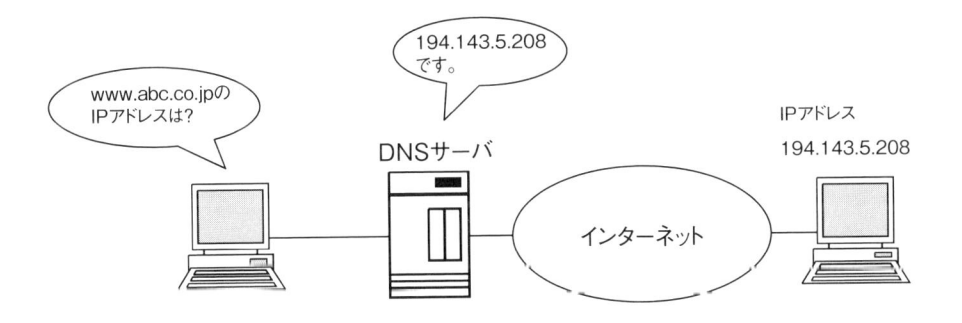

（www.abc.co.jpのIPアドレスは？）

（194.143.5.208です。）

DNSサーバ　　インターネット　　IPアドレス 194.143.5.208

例題12-2　IPアドレスとドメイン名

IPアドレスとドメイン名を変換するコンピュータは次のどれか。
　ア．メールサーバ　　イ．WWWサーバ　　ウ．DNSサーバ

答え　ウ

3 インターネットのサービス

インターネットでは色々なサービスが提供されているが，ここではWWW（World Wide Web），電子メール，ソーシャルメディアについて説明する。

(1) WWW
◇Webページとハイパーテキスト

WWWは，インターネット経由で，世界中のコンピュータに蓄積されている情報を閲覧したり，世界に向けて情報を発信したりする機能である。WWWにおいて閲覧・発信される情報の単位はWebページと呼ばれ，閲覧するためのソフトウェアをブラウザという。Webページには文章を中心として画像や音声，動画などのデータが統合されている。WWWのハイパーリンク機能によってWebページを他のWebページと関連づけることができ，ハイパーリンクをたどっていくと次々と関連するWebページを閲覧することができる。ハイパーリンクによってお互いに関連づけられた情報をハイパーテキストという。世界中のWebページがハイパーリンクによってお互いに関連づけられており，その様がクモの巣のようであることからWorld Wide Web（世界中に広がったクモの巣）と名づけられた。

図表12-5 Webページとハイパーリンク

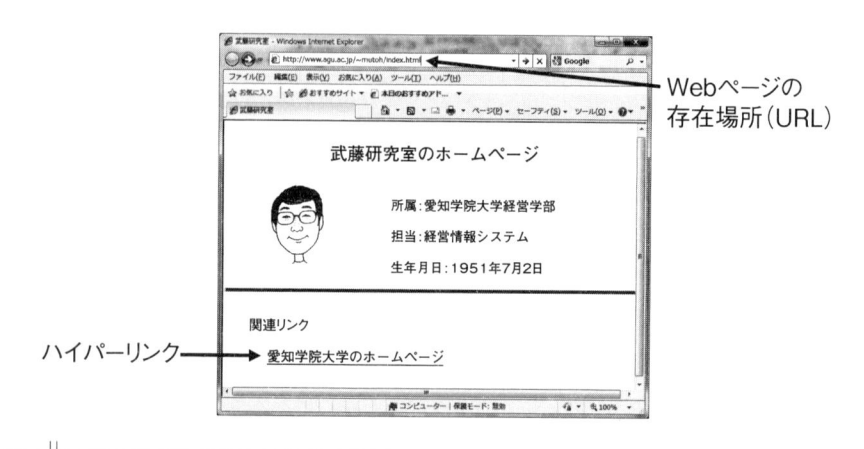

◇HTML

　WebページはHTML（Hypertext Markup Language）という言語を用いて作成する。Webページを作成するにはテキストエディタ，ワープロソフトあるいは専用ソフトウェアを用いるが，いずれの場合でもHTMLで記述されたファイルが作られる。

図表12-6　HTML

《HTMLによる記述》　　　　　　　　《Webページの表示》

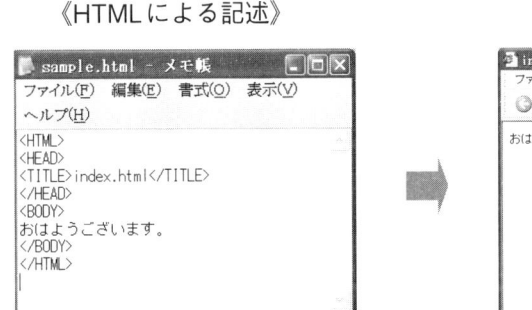

```
<HTML>
<HEAD>
<TITLE>index.html</TITLE>
</HEAD>
<BODY>
おはようございます。
</BODY>
</HTML>
```

◇URL

　WebページはWWWサーバと呼ばれるコンピュータにファイルとして保存される。Webページの存在場所を示すURL（Uniform Resource Locator）を指定することによって，世界中から閲覧することができる。

図表12-7　URL

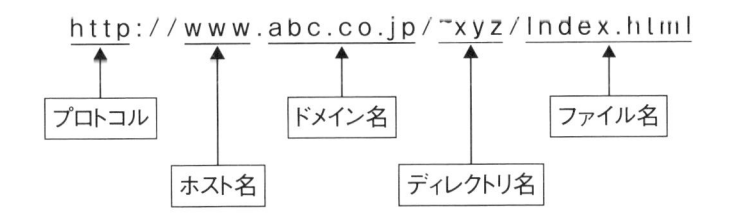

http://www.abc.co.jp/~xyz/Index.html

- プロトコル
- ホスト名
- ドメイン名
- ディレクトリ名
- ファイル名

　URLの先頭に，ブラウザがWWWサーバ上のWebページを読み取るときに

使用するプロトコルを指定する。通常はhttpを用いる。次にWWWサーバのホスト名，ドメイン名，Webページのファイルが存在するディレクトリ（Windowsのフォルダに相当）の名前，Webページにつけたファイル名を指定する。ファイル名の拡張子htmlはHTML形式であることを示す。

◇**Webサイト**

同じWWWサーバに存在する関連性の高いWebページのまとまりをWebサイトといい，Webサイトの入り口となるWebページをホームページという。例えば，企業が自社を紹介するために公開しているWebページのまとまりはWebサイトである。

例題12-3 WWW

WWWの説明として誤っているのはどれか。

ア．WebページはHTMLという言語で記述する。
イ．文字だけではなく写真，動画，音などを扱える。
ウ．Webページはハイパーリンクによって関連づけられている。
エ．WWWサーバと呼ばれるコンピュータによって管理されている。
オ．Webページの存在場所はドメイン名によって指定する。

答え　オ

---

(2) 電子メール

◇**電子メールの特徴**

電子メール（e-mail）はコンピュータネットワークによってメッセージを交換するシステムであり，次のような特徴がある。

- メッセージの送信と受信のタイミングが異なる非同期コミュニケーションである。
- 同一のメッセージを複数の人に同時に送信することができる。
- 文書・画像・音声などのデジタルデータを添付して送信することができる。

第12章 インターネット

◇**メーラとメールアドレス**

　メールを作成したり閲覧したりするソフトウェアをメーラという。メールを送受信するときには，送信者と受信者を識別するためのメールアドレスを指定する。メールアドレスはユーザ名とドメイン名からなり，ユーザ名@ドメイン名のように表記する。

◇**電子メールの仕組み**

　電子メールの仕組みを図表12-8に示す。送信者はメーラを利用してメールを作成し，メールサーバに送信する。メールサーバはメールの宛先に指定されているメールアドレスをもとに受信者側のメールサーバに送信する。受信したメールはメールボックスに格納される。受信者はメーラを使用してメール受信の有無をメールサーバに問い合わせ，あれば受信する。

図表12-8　電子メールの仕組み

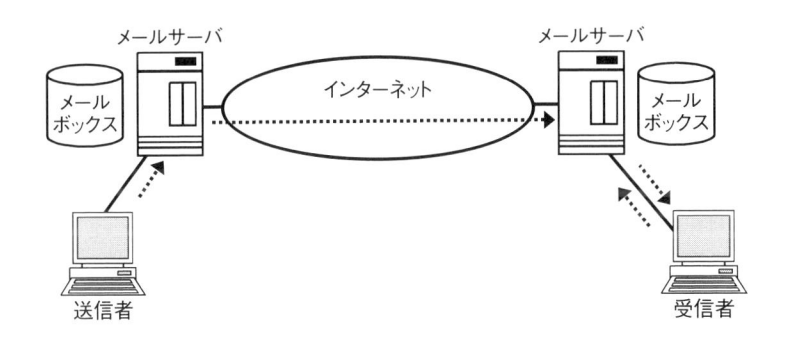

(3) ソーシャルメディア

　ソーシャルメディアはインターネット上に人間関係を形成したり視覚的に把握したりする仕組みを備えており，人と人とのつながりをベースに，利用者一人ひとりが双方向に情報を発信しながら交流することができる。代表的なものにはツイッター（Twitter）やSNS（Social Networking Service），動画投稿サイトなどがある。

◇ツイッター

　ある利用者がツイート（tweet）と呼ばれる140文字以内の「つぶやき」を投稿すると，別の利用者が閲覧してコメントしたり他の利用者に知らせたりすることができる。誰のツイートを閲覧するかは事前に登録しておくことができる。

◇SNS

　インターネット上で友人を作ることにより，利用者間の交流を支援するサービス（Webサイト）である。利用者は自身のプロフィール（氏名，性別，職業など）や日記などを公開できるほか，友人の投稿にコメントしたり，メッセージを送ったりすることができる。

◇動画投稿サイト

　不特定多数の利用者が動画を投稿することができ，別の利用者が視聴したり利用者間で共有したりする動画配信サービスである。

❹ 電子商取引

　コンピュータネットワークを活用して行う商取引を電子商取引（EC：Electronic Commerce）あるいはeコマースというが，ここではインターネットを用いた電子商取引を中心にみていく。電子商取引には，取引主体によって，企業間取引，企業－消費者間取引，消費者間取引などがある。

◇企業間取引（BtoB：Business to Business）

　企業と企業の間の電子商取引である。例えば，メーカーなどが原材料や部品を調達する際，自社のWebサイトで調達条件（品質，価格，納期など）を開示することによって，入札のあった企業から最適な供給業者を選んで取引を行うことができる。電子商取引のために企業と企業がデータ交換を行うための仕組みをＥＤＩ（イーディーアイ）（Electronic Data Interchange：電子データ交換）といい，長い間専用回線が利用されてきたが，インターネットの普及にともないWebサイトを利用

したWeb-EDIも広く利用されるようになってきた。

　また，インターネット上に開設されているマーケットプレイス（取引所）に参加すると，参加企業同士がネットワーク上で商談や取引を行うことができる。マーケットプレイスの開設者は，参加企業に対して，取引相手の探索・選定や注文・決済などのサービスを提供する代わりに，取引額に応じて手数料を徴収する。このように企業間の電子商取引においては，商品・取引相手の探索から注文・決済までの一連の取引活動がコンピュータネットワーク上で行われる。

図表12-9　企業間取引

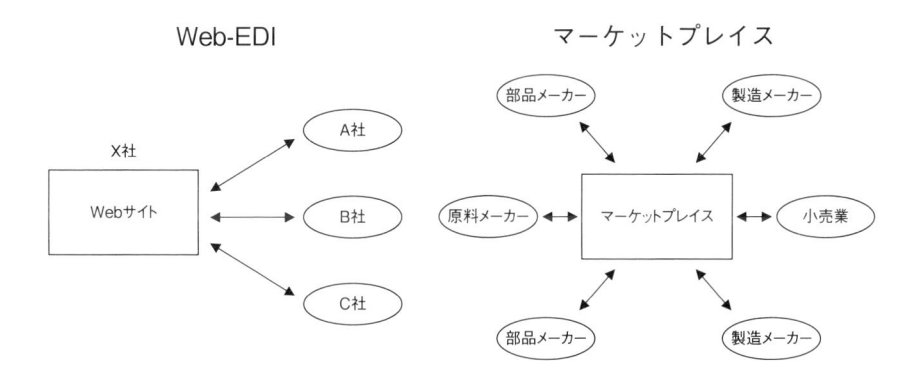

Web-EDI　　　　　　　マーケットプレイス

◇企業－消費者間取引（BtoC：Business to Consumer）

　企業が消費者を対象にインターネットを利用して商品を販売する電子商取引であり，オンラインショッピングとかネットショッピングと呼ばれている。企業は自社のWebサイトやインターネット上の電子モールを利用して商品の紹介，受注，決済を行う。

　電子モールは，複数の企業のWebページを集めてさまざまな商品を販売するWebサイトのことである。色々な店舗が出店しているショッピングモールに似ていることから，電子モールと呼ばれている。複数の企業が出店することにより，消費者は欲しい商品を探しやすくなり，集客力が向上するというメリットがある。

　今日では，物財，デジタル財，サービス財のいずれの商品もインターネット

上で販売されるようになった。物財とは食品，書籍，家電製品のような物理的な商品であり，デジタル財は音楽やソフトウェアのようなデジタル情報にすることが可能な商品である。また，サービス財は保険・金融商品やホテルの予約といったサービスである。物財は宅配便などで届ける必要があるが，それ以外は，商品の紹介から納品，決済に至る取引全体がインターネット上で完結して行われるようになってきた。

◇消費者間取引（CtoC：Consumer to Consumer）

　消費者同士が物品などの売買を直接行う取引のことである。代表的なものとしてオークション（競売）がある。オークションは，物品を売りたい出品者が最低希望価格などの条件を提示し，これに対して一番高い値段をつけた人が買う権利を持つ売買の方式である。オークションを行うための「場」をインターネット上に作り，オークション成立後の決済や物流などのサービスを提供することによって，手数料を徴収するビジネスが伸びている。これとは反対に，買いたい人が希望価格や品質，納期などの条件を提示して販売者を募り，最も条件の良いものを購入する方式を逆オークションという。

図表12-10　ネットショッピングとオークション

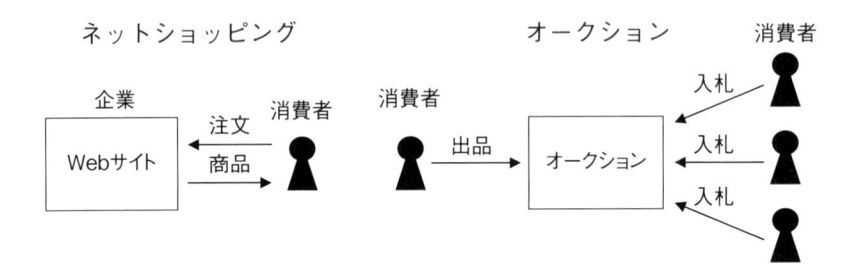

要点整理

各空欄に入る適切な語句を答えなさい（解答は巻末）

1. インターネットの意味と歴史
インターネットは世界中の企業や教育機関などの（ ア ）が相互に接続されてできたコンピュータネットワークである。1969年に米国国防総省が実験を開始した（ イ ）がインターネットの源流である。1990年代以降，インターネットの商用利用が認められたことにより急速に拡大した。

2. IPアドレスとドメイン名
個々のコンピュータに割り当てられた固有の番号を（ ア ）という。ドメイン名は（ ア ）と1対1で対応しており，（ イ ）サーバが（ ア ）とドメイン名の相互変換をする。

3. インターネットのサービス
① WWW
　WWWは，インターネット経由で，世界中のコンピュータに蓄積されている情報を閲覧したり，世界に向けて情報を発信したりする機能である。WWWにおいて閲覧・発信される情報の単位は（ ア ）と呼ばれ，閲覧するためのソフトウェアを（ イ ）という。世界中のWebページが（ ウ ）によってお互いに関連づけられており，その様がクモの巣のようであることからWorld Wide Web（世界中に広がったクモの巣）と名づけられた。

② 電子メール（e-mail）
　コンピュータネットワークによってメッセージを交換するシステム。メールを作成・閲覧するソフトウェアを（ エ ）という。メールを送受信するときには，送信者と受信者を識別するための（ オ ）を指定する。電子メールを送受信するために（ カ ）と呼ばれるコンピュータが用いられる。

③ ソーシャルメディア
　インターネット上に（ キ ）を形成したり視覚的に把握したりする仕組みを備えており，人と人のつながりをベースに，利用者一人ひとりが双方向に情報を発信しながら交流できる。

4. 電子商取引
　コンピュータネットワークを活用して行なう商取引を（ ア ）あるいはeコマースという。取引主体によって，（ イ ），（ ウ ），消費者間取引などがある。

141

練習問題

問1　インターネットの機能

次の文章の空欄に適語を入れなさい。

「インターネットが現在のように個人レベルでもよく利用されるようになった理由の1つに，WWWや電子メールなどのサービスがある。WWWでは情報が（　ア　）と呼ばれる単位で発信される。（　ア　）を閲覧する時は，住所に相当する（　イ　）を指定するが，分からない時はサーチエンジンと呼ばれるサービスを利用して検索することができる。（　ア　）は（　ウ　）により，他の（　ア　）と関連づけられている。このような（　ウ　）によってお互いに関連づけられたデータを（　エ　）という。インターネットのサーバとしては，ドメイン名とIPアドレスを変換するDNSサーバの他に，WWW用の（　オ　）サーバ，電子メール用の（　カ　）サーバなどが必要になる。これらのサーバ機能は1台のコンピュータで兼ねることができる。一般に，個人がインターネットを利用する時はプロバイダ（ISP：Internet Service Provider）と契約する。プロバイダは上記のサーバ機能を提供し，ユーザに対して，ユーザ名，パスワード，（　キ　）を発行する。ユーザ名はプロバイダが個々のユーザを管理するための識別名であり，パスワードはプロバイダのサーバを利用するときにユーザを認証するためのものである。そして，（　キ　）は電子メールを送受信するときの宛先となるものである。（　キ　）は，ユーザ名とドメイン名を@でつないだ形式になっており，@の右側がメールサーバのドメイン名である。」

問2　電子商取引

Q1. 企業にとってインターネットによる電子商取引の効果にはどのようなものがあるか。2つ以上挙げなさい。

Q2. インターネットで販売されている次の商品は物財，デジタル財，サービス財のいずれか。
　　ア．服　　　イ．旅行の予約　　　ウ．コンピュータのソフトウェア

Q3. インターネットで商品を売買したときの決済の方法にはどのようなものがあるか。3つ挙げなさい。

問3　HTML

HTMLはWebページを作成するための言語であり，次のようなタグを使ってWebページに表示する内容や表示方法を定義する。タグはブラウザに対する命令であり，"<"と">"によって囲まれている。タグの終了は"/"によって示す。例えば，</HEAD>は<HEAD>というタグの終了を意味する。HTMLによって記述

されたWebページはファイルとしてWebサーバに登録するが，このファイルをHTML文書という。

〔**主なタグ**〕
- <HTML> ……………… HTML文書であることを宣言する。
- <HEAD> ……………… HTML文書のヘッダ情報を表す。
- <TITLE> ……………… HTML文書にタイトルをつける。
- <BODY> ……………… HTML文書の本体を表す。
-
 …………………… 改行する。

次のようなWebページを表示したい。空欄に適語を入れることにより，HTML文書を完成させなさい。
- ヘッダにWebページのタイトルとして「私のホームページ」と表示する。
- Webページの本体に名前，所属，趣味を表示する。

HTML文書

```
<HTML>
<HEAD>
<TITLE>私のホームページ<(  ア  )>
</HEAD>
<(  イ  )>
名前　山田一郎<(  ウ  )>
所属　愛知商事(株)経理課<(  ウ  )>
趣味　フットサル，野球
</BODY>
</HTML>
```

第VI部 情報システム

　企業などの情報システムは，コンピュータや通信技術の発達を背景に，大型コンピュータを中心としたものから小型コンピュータのネットワークへと変わり，さらに，最近ではインターネットを中心としたものへと変わってきている。多くの人が情報システムを利用するようになった今日，ユーザ認証，暗号化，コンピュータウィルス対策などの情報セキュリティが重要になっている。

　情報システムは開発から運用，保守，廃棄に至る一連の過程（ライフサイクル）を管理しなければならない。システム開発において重要なことは，完成したシステムの品質と保守容易性を確保するとともに，少ない工数と費用で短期間に開発することである。システム開発の方法論には，ウォーターフォールモデル，プロトタイプモデル，スパイラルモデルなどがある。

　今，ユビキタスネットワーク社会へと向かっており，「いつでも，どこでも，何でも，誰でもネットワークにつながることにより，さまざまなサービスが提供され，人々の生活をより豊かにする社会」が実現しようとしている。情報システムには，クラウドコンピューティングやスマートデバイス，ビッグデータなどの情報通信技術を駆使して社会問題の解決や企業経営の効率化などに寄与していくことが期待されている。

第13章
情報システムの基礎

本章の要約

① 情報システムの形態は，コンピュータや通信技術の発達を背景に，スタンドアロンからホストコンピュータシステム，クライアントサーバシステム，イントラネット／エクストラネット，クラウドコンピューティングへと変遷してきた。これにともない，バッチ処理とリアルタイム処理，オンライン処理とオフライン処理，集中処理と分散処理など，色々な処理方式が用いられるようになった。

② インターネットが社会に広く普及するのにともない，コンピュータウィルスやネット詐欺などの犯罪行為も増えており，これらの犯罪から情報を守り安全に情報システムを利用するための情報セキュリティ対策が，企業や利用者個人に求められている。

1 情報システムの形態と処理方式

◇**情報システムとは**

今日，コンピュータやネットワークは企業や官公庁など社会で広く利用されている。これらの情報通信技術を活用した情報処理の仕組みを情報システムといい，ハードウェアとソフトウェア，データベース，ネットワーク，システム利用の手順・ルールなどを体系化したものである。情報システムは利用の目的や方法が利用者によって異なるため，個別に構築されることが多い。例えば，銀行と病院とでは情報システムの利用目的や必要となる機能は異なるし，同じ銀行であっても規模や経営方法によって異なる。情報システムは利用者の目的やニーズに応じて，ハードウェアの種類と規模，ソフトウェアの機能，データベースで管理するデータ，システムの運用方法などを考慮しながら構築される。

◇情報システムの変遷

　企業がコンピュータの利用を始めたのは1950年代である。それ以降，コンピュータや通信技術の発達を背景に，情報システムの形態と処理方式は次のように変遷してきた。

① 1950年代　―スタンドアロン―

　1950年代，コンピュータは高価で大きかった。そのため，コンピュータはコンピュータ室とかコンピュータセンタと呼ばれる専用の部屋や建物に設置され，専門の部署によって運用された。このようにコンピュータを単体で利用する形態をスタンドアロンという。データを処理するときは，伝票などをコンピュータ室まで運んで，そこでまとめてコンピュータに入力してから処理する方式がとられた。データを一括して処理する方式をバッチ処理（一括処理）といい，データの発生から処理結果（出力）を入手するまでの時間が長いという問題があるが，コンピュータを効率よく利用できるというメリットがある。

図表13-1　スタンドアロン

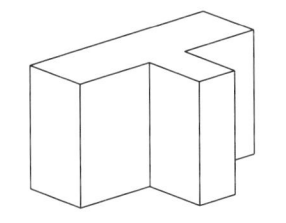

例）給与計算

② 1960年代　―ホストコンピュータシステム―

　1960年代に入り，銀行やJR（当時は国鉄）がオンラインシステムを開発して大きな成果を上げると，一般企業もオンラインシステムの開発を始めた。当時のオンラインシステムは，中央にホストコンピュータと呼ばれる大型コンピュータを設置し，遠隔地にある端末装置と通信回線によって接続するという形態であった。端末装置はデータの入出力を行うための専用装置であり，データの処理能力は持たない。

図表13-2 ホストコンピュータシステム

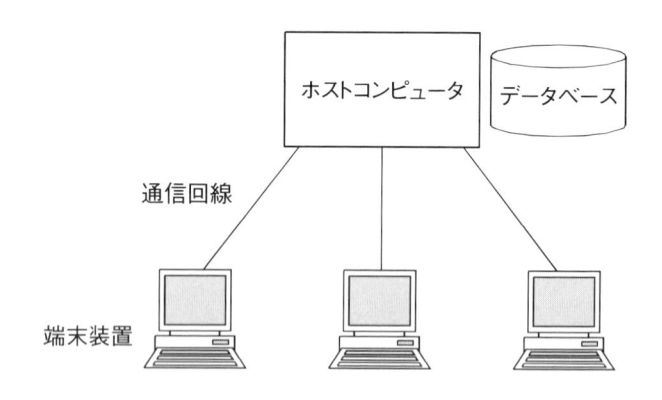

通信回線

端末装置

　端末装置から入力されたデータは通信回線を経由して中央のホストコンピュータに送られて処理され，処理結果は再び通信回線を経由して端末装置に送り返されて出力される。このように，データを通信回線経由で送信して処理する方式をオンライン処理といい，データをまとめることなく1件ずつ即時に処理する方式をバッチ処理に対してリアルタイム処理（即時処理，実時間処理）という。当時のオンラインシステムでは，端末装置に処理能力がないため，1台のホストコンピュータですべてのデータを集中処理した。

　なお，オンライン処理に対して，端末装置などの入出力装置がコンピュータと通信回線によって接続されておらず，磁気テープなどの中間媒体によってデータをやりとりする方式を，オフライン処理という。オフライン処理では，データをリアルタイムに処理することはできず，バッチ処理のみが可能である。

③ **1980年代後半　―クライアントサーバシステム―**

　1980年代に入って，パソコンのような安価な小型コンピュータが高性能化してくると，1台の大型コンピュータですべてのデータを処理する集中処理に代わって，複数の小型コンピュータをネットワークでつなぎ，相互に連携をとりながら情報処理を行う分散処理が注目されるようになった。企業にとっても，情報処理量はますます増える傾向にあって，1台の大型コンピュータですべて

のデータを処理することは技術的にも経済的にも困難になりつつあり，複数の小型コンピュータをつないだネットワークへと移行していった。

　分散処理にはいくつかの形態や方式があるが，今日中心となっているのはクライアントサーバシステムと呼ばれるものである。このシステムは，データベースやプリンタなどのコンピュータ資源を集中管理するサーバと，サーバの管理する資源を利用するクライアントによって構成され，サーバとクライアントをLANによって相互に接続した形態になっている。複数のサーバとクライアントが相互に連携しながら情報処理を行う。パソコンのような安価なコンピュータによってシステム構築ができるので，費用を安価に押さえることができるし，ハードウェアやアプリケーションソフトウェアの選択範囲も広いといったメリットがある。ただし，サーバに処理が集中すると処理効率が低下する，セキュリティの管理が困難であるといった短所もある。

図表13-3　クライアントサーバシステム

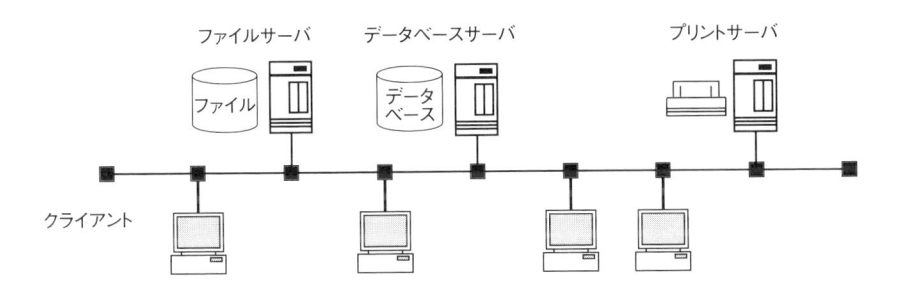

④ 1990年代半ば　―イントラネットとエクストラネット―

　1990年代半ば，インターネットが広く普及してくると，TCP/IPやWWWなどのインターネット技術を活用して企業の情報システムを構築することが行われるようになった。インターネット技術は世界中で広く利用されている技術であり，システム構築費用が安くすむ，社外の情報システムとの接続が容易である，などのメリットがある。インターネット技術を利用した社内の情報システムをイントラネットといい，イントラネットを取引先にまで拡張した情報システムをエクストラネットという。

図表13-4 エクストラネット

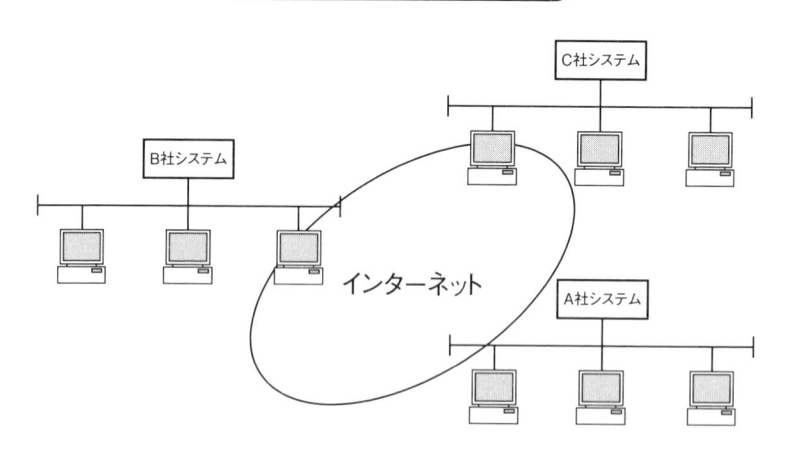

⑤ 2000年代 —クラウドコンピューティング—

　従来の情報システムでは，ハードウェア，ソフトウェア，データなどのコンピュータ資源を，利用者である企業などが自社で保有・管理していた。これに対して，インターネットを通じてコンピュータ資源を利用し，利用した量や時間に応じて料金を支払う形態をクラウドコンピューティング（cloud computing）という。インターネットはクラウド（雲）の形で図示することが多いことから，こう呼ばれるようになった。

図表13-5 クラウドコンピューティング

利用者は，利用環境として，パソコンや携帯情報端末などのクライアント，その上で動くブラウザ，インターネット接続環境などを用意すればよく，コンピュータ資源の購入や管理は不要になる。

例題13-1　リアルタイム処理

次の業務の中で，リアルタイム処理に適したものはどれか。
ア．全社員の1ヶ月の給与計算をしたい。
イ．全営業所から商品の在庫を即座に照会できるようにしたい。
ウ．営業所の売上データを集計して売上日報を作成したい。

答え　イ

例題13-2　クライアントサーバシステム

クライアントサーバシステムの説明として誤っているのはどれか
ア．業務量の増加に対応したシステムの拡張が容易である。
イ．一部のハードウェアの障害がシステム全体の停止につながる。
ウ．システム全体の運用管理が複雑になりやすい。

答え　イ

---

❷ 情報セキュリティ

インターネットが社会に広く普及するにともない，コンピュータウィルスやネット詐欺などの犯罪行為も増えており，これらの犯罪から情報を守り安全に情報システムを利用するための情報セキュリティ対策が企業や利用者個人に求められている。以下，主な情報セキュリティ対策について説明する。

(1) ユーザ認証

コンピュータを利用しようとする人があらかじめ許可した人であるかどうか

を確認することにより，コンピュータへの不正侵入や他人になりすました不正行為を防ぐ。コンピュータの利用を許可した人にあらかじめユーザ名（ユーザID）とパスワードを発行しておき，利用するときに提示させる方法が広く行われている。最近では，指紋や手のひらの静脈パターンのような生体的特徴を利用したバイオメトリクス認証（生体認証）も行われている。

(2) 暗号
◇**暗号化と復号化**
　ネットワークを流れるデータやコンピュータに格納されているデータを不正に入手することを盗聴という。盗聴を防止するための対策がデータの暗号化である。送信側でデータを特定の人にしか分からないように暗号化し，受信側で元のデータに戻す。元に戻すことを復号化という。暗号化する前のデータを平文といい，暗号化されたデータを暗号文という。

◇**暗号技術**
　暗号化には共通鍵暗号方式と公開鍵暗号方式がある。
　① **共通鍵暗号方式**
　データを暗号化したり復号化したりするときに鍵を使う。共通鍵暗号方式では送信側と受信側で同じ鍵を使う。この方式では鍵を秘密にしておく必要があるため，送信相手にどうやって鍵を知らせるかが問題になる。
　② **公開鍵暗号方式**
　公開鍵暗号方式では公開鍵と秘密鍵という2つの鍵を使用する。例えば，AさんからBさんへデータを送信する場合，Bさんは公開鍵と秘密鍵を作成し，公開鍵は公開するが秘密鍵は秘密にしておく。AさんはBさんの公開鍵を使ってデータを暗号化して送信し，Bさんは自分の秘密鍵によって復号化する。秘密鍵を知らないBさん以外の人は復号化することはできない。公開鍵は秘密にしておく必要がないので，複数の人どうしが通信する場合に適している。

◇デジタル署名

　データを送信するときに，途中でデータが改ざんされることがないように，公開鍵暗号方式の原理を応用したデジタル署名が用いられる。デジタル署名は紙文書の場合の印鑑やサインのようなものである。例えば，AさんがBさんにデータを送信する場合，Aさんは一定の方法によってデータからメッセージダイジェストと呼ばれる文字列を作り，さらに自分の秘密鍵を使ってメッセージダイジェストを暗号化してデジタル署名を作る。Aさんからデータとデジタル署名を受け取ったBさんは，デジタル署名をAさんの公開鍵を使って復号化して，元のメッセージダイジェストに戻す。さらに，受け取ったデータからAさんと同じ方法によってメッセージダイジェストを作成し，両方のメッセージダイジェストが一致すれば，データは確かにAから送られてきたものであり，途中で改ざんされていないことを確認できる。

図表13-6　デジタル署名

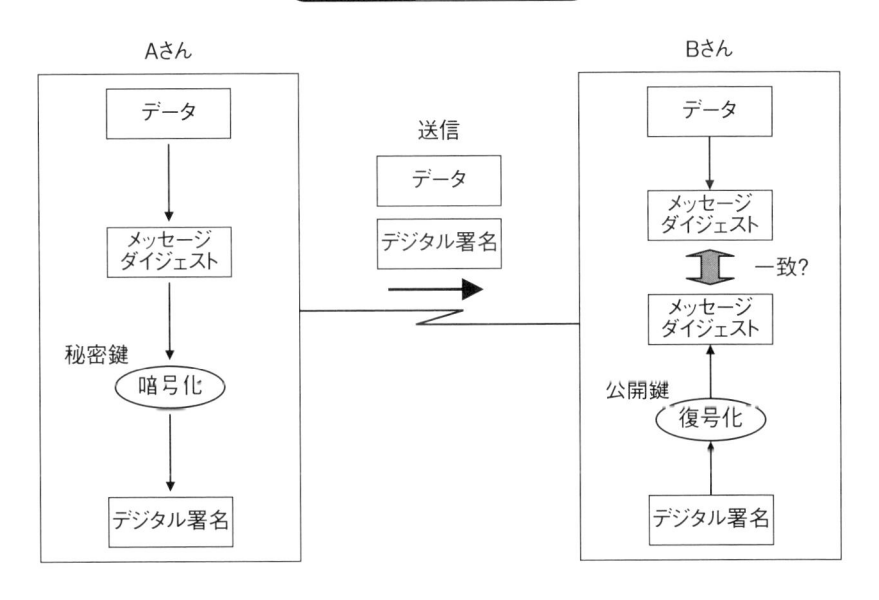

◇**電子認証**

　公開鍵暗号方式やデジタル署名では，公開鍵が本当に本人のものであるかどうかが問題になる。そこで，公開鍵を発行する場合には，自分の公開鍵を認証機関に登録して，公開鍵証明書を発行してもらう。例えば，データとデジタル署名を送るときに，公開鍵証明書も一緒に送れば，受けとった人は公開鍵の所有者からのデータであることを確認することができる。現在日本にはいくつかの認証機関があり，電子認証サービスを提供している。

（3）コンピュータウィルス

　コンピュータウィルスはコンピュータに不正に侵入してさまざまなトラブルを起こすプログラムである。電子メール，Webページ，USBメモリなどを通じてコンピュータに侵入し，コンピュータを動作不能にしたり，データを破壊したり，知らないうちにウィルス付きのメールを他の人に送ったりする。コンピュータウィルスを防ぐには，ウィルスを検出したり除去したりするワクチンプログラムを利用する。また，万一に備えてデータのバックアップを行うなどの対策も必要である。

例題13-3　公開鍵暗号方式

公開鍵暗号方式により，AさんからBさんにデータを送信したい。Aさんはどの鍵を使って暗号化したらよいか。また，Bさんはどの鍵を使って復号化したらよいか。

　　　　　　答え　Aさん：Bさんの公開鍵　　Bさん：Bさんの秘密鍵

例題13-4　暗号方式と暗号鍵

アルファベット順に特定の文字数だけずらすことによって暗号文を作り，何文字ずらしたかを暗号鍵とするとする。例えば，3文字ずらす場合の暗号表は次のようになる。

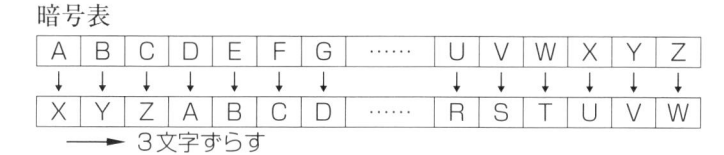

暗号表

A	B	C	D	E	F	G	……	U	V	W	X	Y	Z
↓	↓	↓	↓	↓	↓	↓		↓	↓	↓	↓	↓	↓
X	Y	Z	A	B	C	D	……	R	S	T	U	V	W

→ 3文字ずらす

'AUE' という文字をこの暗号表により暗号化すると，暗号文は 'XRB' となる。

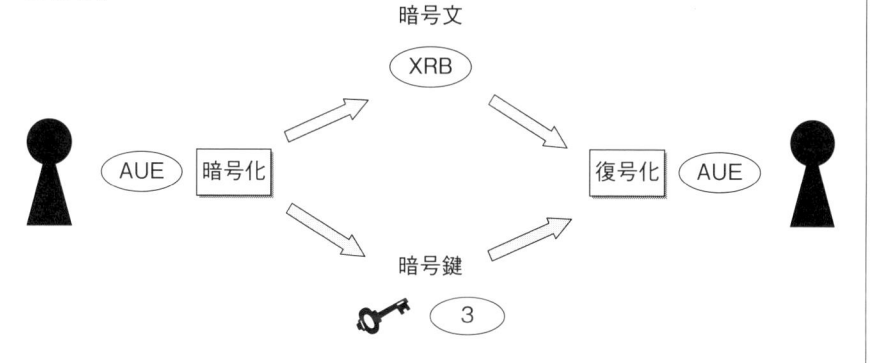

このような暗号方式は共通鍵暗号方式と公開鍵暗号方式のどちらか。

答え　共通鍵暗号方式

要点整理

各空欄に入る適切な語句を答えなさい（解答は巻末）。

1. 情報システムの形態と処理方式
① 情報システムの形態
- スタンドアロン：コンピュータを単体で利用する形態。
- （　ア　）：中央のホストコンピュータがすべてのデータを集中的に処理する形態。
- （　イ　）：サーバと（　ウ　）が相互に連携しながら情報処理を行う形態。
- イントラネットとエクストラネット：（　エ　）技術を利用した情報システム。
- （　オ　）：インターネットを通じてコンピュータ資源を利用する形態。

② 情報システムの処理方式
a．オンライン処理とオフライン処理
- オンライン処理：端末装置から（　カ　）を通じてデータを入力して処理する。
- オフライン処理：入出力装置と接続されていない状態でデータを処理する。

b．バッチ処理（一括処理）とリアルタイム処理（即時処理，実時間処理）
- バッチ処理：処理するデータを一定期間蓄積し，一括して処理する。
- （　キ　）：データが発生したら即時に処理する。

c．集中処理と分散処理
- 集中処理：組織全体のデータを1台の大型コンピュータで処理する。
- （　ク　）：複数の小型コンピュータをネットワークで接続して処理を分散する。

2. 情報セキュリティ
① ユーザ認証
　コンピュータを利用しようとする人があらかじめ許可した人であるかどうかを確認すること。

② 暗号化，デジタル署名，電子認証
　盗聴を防止するために送信時にデータを（　ア　）化し，受信時に（　イ　）化する。送信側と受信側で同じ鍵を使う方式を（　ウ　）といい，公開鍵と秘密鍵という2つの鍵を使用する方式を（　エ　）という。途中でデータが改ざんされることがないように，（　オ　）が用いられる。公開鍵は（　カ　）に登録して，本人のものであることを証明してもらう。

③ コンピュータウィルス
　コンピュータに不正に侵入してトラブルを起こす（　キ　）を防ぐには，（　ク　）を利用する。

練習問題

問1 情報システムの形態と処理方式

ホストコンピュータシステムのような集中処理システムと比較した場合，クライアントサーバシステムのような分散処理システムにはどのような特徴があるか。次の中から選びなさい。

ア．一部の装置の故障によってシステム全体が停止することが多い。
イ．機能の拡張や業務量の増大に対応したシステムの拡張が容易である。
ウ．システム全体を効率よく運用するための運用管理が複雑になりやすい。
エ．機密保護やセキュリティの確保が容易である。

問2 暗号方式

A社はインターネットによる通信販売を行っている。顧客からインターネットによって注文を受け取るとき，公開鍵暗号方式を利用して注文の内容が第三者に盗聴されないようにしたい。Q1，Q2の答えを解答群から選びなさい。

〔解答群〕
　a．A社の公開鍵　　b．顧客の公開鍵　　c．A社の秘密鍵
　d．顧客の秘密鍵　　e．共通の秘密鍵

Q1．顧客はどの鍵を使って暗号化したらよいか。
Q2．A社はどの鍵を使って復号化したらよいか。

問3 情報システムの導入

B社では，電話による通信販売を始めることになり，販売業務を支援する情報システムを導入することになった。販売担当者は，顧客から注文の電話があると，電話を聞きながら商品データベースを照会して商品の在庫を確認し，在庫があれば顧客と注文商品の情報を注文データベースに登録する。今，次のような情報システムの導入を検討している。

・システム構成としてはクライアントサーバ型のシステムとする。販売担当者はクライアントを利用しながら，在庫を照会したり，注文情報を登録したりする。また，サーバはデータベースとプリンタの管理を行う。

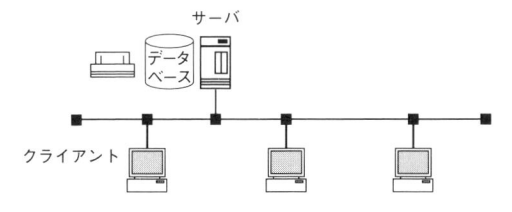

- 次のような照会画面によって商品データベースを照会する。商品番号を入力すると，商品名，販売価格，在庫数量が表示される。また，登録画面によって注文情報を入力して注文データベースに登録する。

照会画面

商品番号 T01M003
商品名 スポーツウェア
販売価格 12,000 円
在庫数量 10

登録画面

顧客名 山本花子
住所 日進市
電話番号 0561-03-1234
商品番号 数量
T01M003 1
T01M010 3

Q1. 商品データベースを照会するとき，次の処理はクライアントとサーバのどちらで行ったらよいか。
ア．入力された商品番号が半角の英数字であるかをチェックする。
イ．商品番号をもとに商品データベースから該当商品の情報を取り出す。
ウ．照会した商品の情報を人が見やすいように表示する。

Q2. 次のような処理はリアルタイム処理とバッチ処理のどちらにしたらよいか。
ア．商品の在庫を照会する。
イ．顧客から注文内容を電話で聞きながら注文データベースに登録する。
ウ．1日の終わりに注文のあった商品をまとめて出荷手配する。

Q3. 1件の注文あたりクライアントを使用する時間は平均10分である。1日の営業時間は8時間であり，1日あたり100件の注文が予想される。クライアントの稼働率が50％を超えると顧客を待たせてしまうことが多くなるので，50％以下にする必要がある。クライアントは何台以上必要になるか。

第14章
情報システムの開発

本章の要約

① 情報システムは開発から運用，保守，廃棄に至る一連の過程（ライフサイクル）を管理しなければならない。
② システム開発において重要なことは，完成したシステムの品質と保守容易性を確保するとともに，少ない工数と費用で短期間に開発することである。
③ システム開発の方法論には，ウォーターフォールモデル，プロトタイプモデル，スパイラルモデルなどがある。
④ ウォーターフォールモデルでは，システム開発のプロセスを基本計画，外部設計，内部設計，プログラム設計，プログラミング，テストといった工程に区切り，これらの工程を順番に進めていく。

1 システム開発の基礎

◇システムのライフサイクル

　情報システムは利用者の問題を解決するために利用される。例えば，A社は，事務処理をシステム化することにより，商品の受注から納品までの期間を短縮し，顧客の満足度を大きく向上させた。A社は納期短縮という問題を解決するために情報システムを利用したのである。また，B社は，販売実績の情報をタイムリーに提供する情報システムを利用することによって，経営者が迅速かつ正確に意思決定することができるようになった。

　どのような情報システムが必要になるかは，利用者の抱える問題によって異なるし，同じ利用者であっても時間的に変化する。そのため，情報システムは利用者ごとに開発する必要があり，利用開始後も常に見直しが必要になる。

このように，情報システムは問題を解決するために開発され，利用者が日々の業務の中で利用できるように運用されるが，不具合や解決すべき新たな問題が発生すると，情報システムの修正や新しい機能の追加といった保守が行われる。やがて使命を終えた情報システムは廃棄される。情報システムの開発から運用，保守，廃棄に至る一連の過程をシステムのライフサイクルと呼ぶ。

図表14-1　システムのライフサイクル

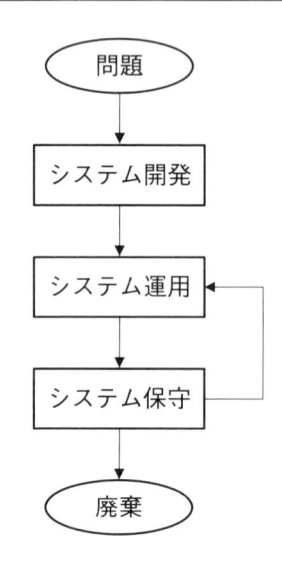

```
       問題
        ↓
    システム開発
        ↓
    システム運用 ←┐
        ↓        │
    システム保守 ─┘
        ↓
       廃棄
```

◇システム開発の課題とソフトウェア工学

システム開発において重要なことは，完成したシステムの品質と保守容易性を確保するとともに，少ない工数と費用で短期間に開発することである。システムの規模が大きくなり社会的影響も大きくなった今日，品質のよいシステムを効率よく開発する必要性はますます高まっている。しかし，これは必ずしも容易なことではない。システムを実際に運用したら不具合が多発したり，運用直前になって利用者からの要求が変更になり開発が大幅に遅れたりするなど，システム開発上の問題は多く発生している。問題の原因は多くの場合，開発技術者個人のスキルや経験に依存したシステム開発になっていることである。これを解決しようとするのがソフトウェア工学であり，体系的かつ組織的にシス

テムを開発する方法論の研究が進められている。方法論とは，システムを開発する手順ややり方のことであり，システム開発のプロセスと各開発工程で用いる手法が主な内容になる。

> **例題14-1** 次の文章の空欄に入る適切な語句を答えよ。
> 「情報システムは問題を解決するために（　ア　）され，利用者が日々の業務の中で利用できるように（　イ　）されるが，不具合や解決すべき新たな問題が発生すると，情報システムの修正や新しい機能の追加といった（　ウ　）が行われる。やがて使命を終えた情報システムは（　エ　）される。
> 　　　　　　　　　　　　　答え　ア：開発　イ：運用　ウ：保守　エ：廃棄

② システム開発の方法論

　システムを開発するには，システム設計やプログラミングなど，多くの作業が必要になる。システム開発に先立ち，作業を実施するプロセスを計画する。具体的には，開発の開始からシステム完成までの作業をいくつかの工程に区切り，各工程で作成する設計書やプログラムなどの成果物を定める。システム開発のプロセスについてはいくつかのモデルが提唱されており，ウォーターフォールモデル，プロトタイプモデル，スパイラルモデルなどがある。

（１）ウォーターフォールモデル
◇**ウォーターフォールモデルとは**
　ウォーターフォールモデルは，システム開発のプロセスを基本計画，外部設計，内部設計，プログラム設計，プログラミング，テストといった工程に区切り，これらの工程を順番に進めるというものである。各工程では定められた成果物を作成し，それを次の工程に引き渡すことによって開発が進んでいく。開発プロセスは，上流工程から下流工程へと流れていくのであり，逆戻りは想定

されていない。上から下へと流れていく様子が滝（ウォーターフォール）に似ていることからウォーターフォールモデルと呼ばれている。

図表14-2　ウォーターフォールモデル

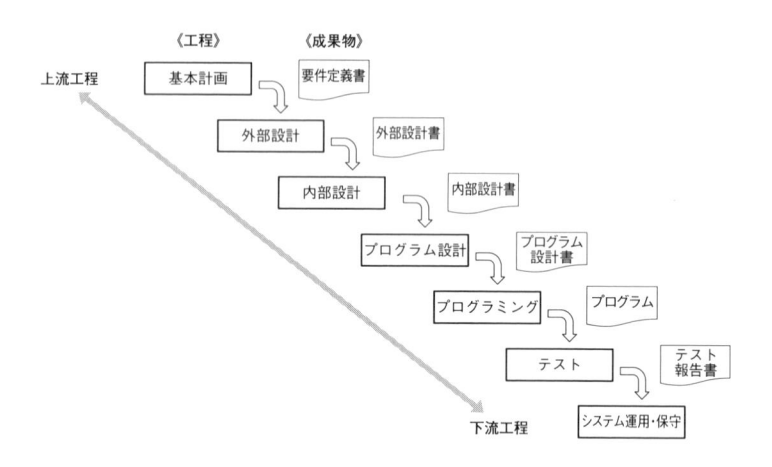

〈工程〉　〈成果物〉

上流工程　基本計画　要件定義書
　　　　　外部設計　外部設計書
　　　　　内部設計　内部設計書
　　　　　プログラム設計　プログラム設計書
　　　　　プログラミング　プログラム
　　　　　テスト　テスト報告書
下流工程　　　　　　システム運用・保守

◇**ウォーターフォールモデルの利点と課題**

　ウォーターフォールモデルでは，1つの工程が完了しなければ次の工程に進まないため，システム開発の作業を管理しやすいという利点がある。しかし，ある工程が始まると上流工程の成果物を変更することは基本的に許されない。また，すべての工程が完了しないとシステムを運用することができないため，開発期間が長期化する傾向があるといった課題がある。ウォーターフォールモデルは最も普及しているシステム開発モデルであるが，最近はビジネス環境の変化が速くなっており，システム開発の途中でも変化に追随でき，短期間にシステムを開発できるモデルが求められている。

(2) プロトタイプモデル
◇**プロトタイプ**

　工業製品を新しく開発する時は通常，プロトタイプ（試作品）を作ってデザインや性能などを確認しながら開発を進める。例えば，自動車を開発する時には，商品企画の段階で縮尺5分の1のクレイモデルを作ってデザインを確認す

る。また，設計が終わると試作車を製作して車の性能や安全性などを確認してから，工場で生産するための準備に入る。プロトタイプモデルは，工業製品を開発する時と同じように，プロトタイプを作って確認をしながらシステム開発を進めていく手法である。

◇プロトタイプモデルによるシステム開発

　ウォーターフォールモデルの問題は，上流工程の成果物を変更することが認められていないにもかかわらず，開発工程の終わりに近づかないと基本計画で定義した要求仕様（システムの機能や性能など）が正しくシステムに反映されたかどうかを確認できないことである。プロトタイプモデルでは，開発の早い段階でシステムの基本機能や画面・帳票などを作ってシステム利用者の要求を満たしているかどうかを確認したり，システムの設計がある程度進んだ段階で，システムの中核部分を作成してシステム利用者に評価してもらう。評価結果をもとにプロトタイプを改良して完成品へと仕上げていく。

図表14-3　プロトタイプモデル

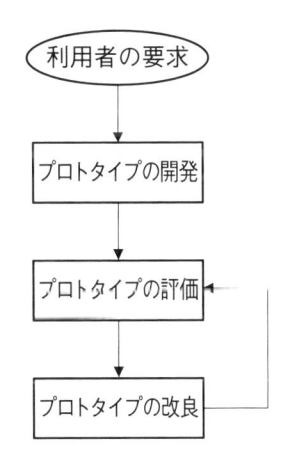

```
利用者の要求
    ↓
プロトタイプの開発
    ↓
プロトタイプの評価 ←┐
    ↓              │
プロトタイプの改良 ─┘
```

◇プロトタイプモデルの適用

　プロトタイプモデルでは，プロトタイプを使って利用者の要求を早期に確認することができるので，利用者とシステム開発者との認識のずれや要求の変更

による開発のやり直しを防ぐことができる。ただし，プロトタイプモデルによって大規模なシステムを開発すると，いつ開発が完了するかを予測するのが難しく，システム開発の期間や費用が増大する危険がある。そのため，比較的小規模なシステムの開発に適している。大規模システムはウォーターフォールモデルによって開発することが多いが，基本計画や設計の段階でプロトタイプによって利用者の要求を確認することが行われる。

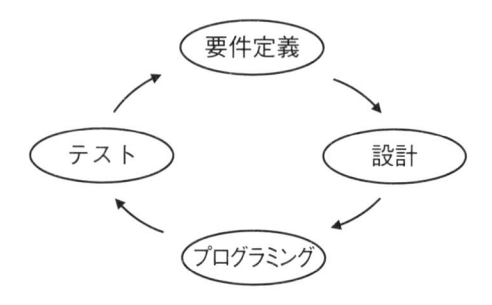

(3) スパイラルモデル
◇スパイラルモデルによるシステム開発

　スパイラルモデルは，ウォーターフォールモデルとプロトタイプモデルの両者をミックスしたシステム開発モデルである。ウォーターフォールモデルでは，基本計画でシステムの要求仕様を定義（要件定義）してから，設計，プログラミング，テストといった一連の開発工程を上流から下流へと順次進めていくため，システム開発の作業を管理しやすいという利点があるが，上流工程でのミスは許されない。一方，プロトタイプモデルはプロトタイプの評価と改良を繰り返すため，上流工程でのミスを防止できるという利点があるが，システム開発の期間や費用が増大する危険がある。スパイラルモデルでは，ウォーターフォールモデルにおける要件定義からテストまでの一連の開発工程を何度も繰り返すことによってシステムを開発していく。開発工程を繰り返す様子が螺旋(らせん)（スパイラル）のようであることから，スパイラルモデルと呼ばれる。

図表14-4　スパイラルモデル

要件定義 → 設計 → プログラミング → テスト → 要件定義（繰り返し）

◇ スパイラルモデルの適用

　スパイラルモデルでは，繰り返しの都度，システムの問題点を確認しながら，徐々に開発範囲や機能を拡張していく。また，システムを独立性の高いサブシステムに分割し，サブシステムごとに要件定義からテストまでの開発工程を繰り返し行うことも多く行われている。類似システムが存在しない未経験分野のシステム開発では，事前に要件定義やシステム設計を完全に行うのは難しいため，螺旋状に開発を進めることによりシステム開発の期間や費用が増大するといったリスクを少なくすることができる。

例題14-2　次のような場合，どのような方法論で情報システムを開発したらよいか。
　ア．類似システムを開発した経験がある大規模システム
　イ．システム利用者の要求があいまいで事前に確定するのが難しい比較的小規模なシステム
　ウ．システム利用者の要求があいまいだが，システム開発の期間や費用が増大するといったリスクをできるだけ少なくする必要がある中規模システム
　　　答え　ア：ウォーターフォールモデル　　イ：プロトタイプモデル
　　　　　　ウ：スパイラルモデル

---

3 システム開発のプロセス

　ウォーターフォールモデルをもとに，システム開発のプロセスについて説明する。

◇基本計画

　基本計画では利用者の抱える問題を情報システムによってどのように解決するかを計画する。問題とは目標（あるべき姿）と現状とのギャップである。企

業の場合，問題を引き起こしている原因の多くは業務にあり，問題を解決するには業務を変えなければならない。例えば，商品の納期を短縮するには受注から納品までの業務を変える必要があるであろう。情報システムの役割は業務を変えることによって問題を解決することである。基本計画では，問題を解決する新システムを構想し，新システムを開発するのに必要となる要員と費用を見積った上で，開発スケジュールを立案する。次に，利用者が新システムに求める要求仕様を明確に定義し，要件定義書として文書化する。要件定義の内容は，新システムの目的，対象業務，システムの機能と構成の概要，性能，システム運用体制などである。対象業務の分析では，現在の業務がどのようになっていて，問題の原因はどこにあるか，情報システムによって業務をどのように変えれば問題を解決できるかを分析する。図表14-5に業務分析の例を示す。

図表14-5 業務分析の例

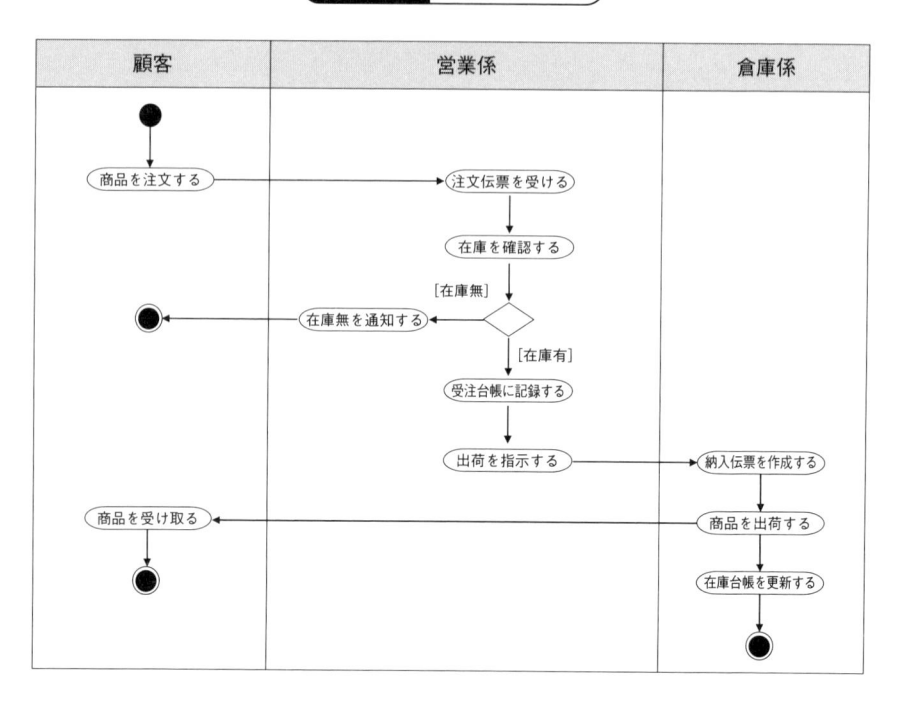

◇外部設計（システム方式設計）

外部設計では，要件定義書をもとに利用者（外部）から見たシステムの機能を定義し，システムをいくつかのサブシステムに分割する。また，利用者が情報システムを利用するときの画面や報告書・帳票を設計し，どのようなデータをシステムで管理するかを検討する。

◇内部設計（ソフトウェア方式設計）

内部設計では，システムを構成するソフトウェアの内部構造を設計する。外部設計で定義されたサブシステムをいくつかのプログラムに分割し，これらのプログラムによる処理の流れとプログラム毎の機能を定義する。また外部設計で抽出されたデータを管理するためのデータベースとファイルを設計する。

◇プログラム設計

プログラム設計では，プログラムの内部構造を設計し，モジュールという機能単位に分割する。プログラムをモジュールの集合体として構造化することにより，コーディングやテストをモジュールという小さい単位で行うことができるようになる。複数のプログラムで共通利用できるモジュールであれば，プログラム毎に作る必要がなくなり，生産性や信頼性が向上する。

図表14-6　設計工程

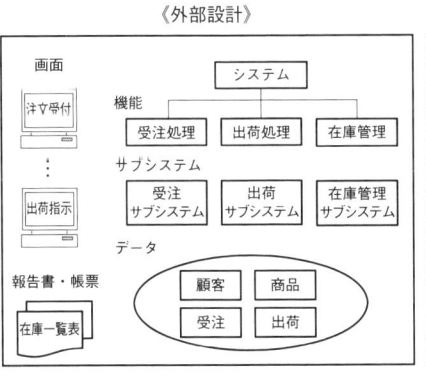

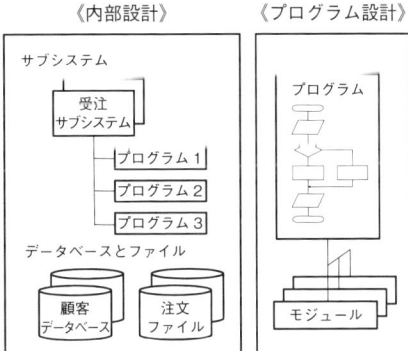

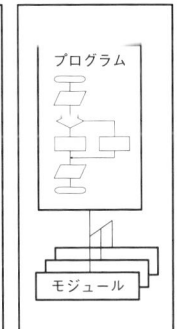

◇**プログラミング**

　プログラミングでは，プログラムを構成するモジュールごとに，内部のアルゴリズムを設計し，プログラミング言語を用いてコーディングした後，正常に動作するかどうかをテストする。モジュール単位に行うテストを単体テストという。

◇**テスト**

　テストでは，プログラム設計，内部設計，外部設計の各設計工程で作成した設計書通りにプログラムが正しく動作するかどうかを確認する。設計工程に対応して結合テスト，システムテスト，運用テストに分けて段階的に行う。結合テストでは，モジュールを結合してプログラムとして正しく動作するかどうかを確認する。システムテストでは，複数のプログラムから構成されるシステムやサブシステム全体としての動作を確認する。機能的な動作の正しさを検証すると同時に，データを入力してから結果が表示されるまでの応答時間や，ハードウェアなどに障害が発生したときの障害回復などについても検証する。運用テストは，利用者が参加して行うテストであり，システムが実業務での利用に耐えられるかどうかを確認する。

図表14-7　設計工程とテスト工程

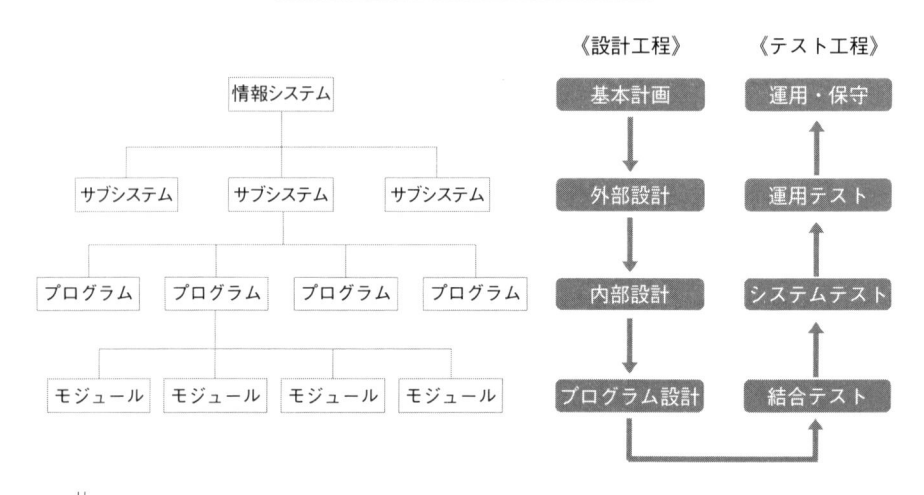

例題14-3 次の文章は，ウォーターフォールモデルの各開発工程について説明したものである。ア～カに該当する開発工程を答えよ。

ア．システムを構成するソフトウェアの内部構造を設計する。
イ．利用者から見たシステムの機能を定義し，いくつかのサブシステムに分割する。
ウ．利用者の抱える問題を情報システムによってどのように解決するかを計画する。
エ．設計書通りにプログラムが正しく動作するかどうかを確認する。
オ．プログラムを構成するモジュールごとに，内部のアルゴリズムを設計し，プログラミング言語を用いてコーディングした後，正常に動作するかどうかをテストする。
カ．プログラムの内部構造を設計し，モジュールという機能単位に分割する。

　　答え　ア：内部設計　　イ：外部設計　　　　ウ：基本計画
　　　　　エ：テスト　　　オ：プログラミング　カ：プログラム設計

要点整理

1. システム開発の基礎
　情報システムの開発から運用，保守，廃棄に至る一連の過程をシステムの（　ア　）と呼ぶ。システム開発において重要なことは，完成したシステムの（　イ　）と保守容易性を確保するとともに，少ない工数と（　ウ　）で短期間に開発することである。

2. システム開発の方法論
　代表的なシステム開発のプロセスモデルには次のようなものがある。
- （　ア　）モデル：システム開発のプロセスをいくつかの工程に区切り，工程順にシステムを開発する。
- （　イ　）モデル：プロトタイプを作って確認をしながらシステム開発を進めていく。
- （　ウ　）モデル：ウォーターフォールモデルにおける要件定義からテストまでの一連の開発工程を何度も繰り返すことによってシステムを開発していく。

3. システム開発のプロセス
　ウォーターフォールモデルでは次のようなプロセスでシステムを開発する。
- （　ア　）：利用者の抱える問題を情報システムによってどのように解決するかを計画する。
- （　イ　）：利用者（外部）から見たシステムの機能を定義し，システムをいくつかのサブシステムに分割する。
- （　ウ　）：システムを構成するソフトウェアの内部構造を設計する。
- （　エ　）：プログラムの内部構造を設計し，モジュールという機能単位に分割する。
- （　オ　）：モジュールごとにアルゴリズムを設計し，プログラミング言語を用いてコーディングした後，正常に動作するかどうかをテストする。
- （　カ　）：各設計工程で作成した設計書通りにプログラムが正しく動作するかどうかを確認する。

練習問題

問1 情報システムの品質

システムあるいはソフトウェアの品質特性には，機能性，信頼性，使用性，効率性，保守性，移植性などがある。次のア〜カはどの品質特性に該当するか。

ア．ハードウェアなどに障害が発生しても，データを障害前の状態に回復できる。
イ．仕様書通りに動作し，適切な処理結果が得られる。
ウ．異なるハードウェアやオペレーティングシステムでも稼働する。
エ．利用者にとって習熟時間が短く利用しやすい。
オ．応答時間が短いなど，使用するコンピュータ資源と比較して性能がよい。
カ．システムに問題があっても原因を解析して修正するのが容易である。

問2 システム開発のプロセス

次の文章はシステム開発のプロセスモデルの特徴を説明したものである。ウォーターフォールモデル，スパイラルモデル，プロトタイプモデルのいずれに該当するか。

ア．開発初期段階での試作を通して，利用者の操作性や応答性などを確認することにより，後行程で仕様変更による手戻りが発生するリスクを防ぐことができる。
イ．開発プロセスを繰り返しながらシステムを改良していくことにより，開発費用や品質上のリスクを最小にすることができる。
ウ．開発工程をいくつかの工程に分けて逐次実行するため，作業の見積りや管理が容易である。

問3 ウォーターフォールモデル

ウォーターフォールモデルによるシステム開発について次の問いに答えなさい。
Q1．画面のレイアウトや帳票の様式はどの工程で設計したらよいか。
Q2．システム化の対象範囲を決定するのはどの工程か。
Q3．システムの利用部門あるいは利用者が関与すべき工程はどれか。

第15章
情報システムの動向

本章の要約

① 「いつでも，どこでも，何でも，誰でもネットワークにつながることにより，さまざまなサービスが提供され，人々の生活をより豊かにする社会」をユビキタスネットワーク社会という。ユビキタスネットワーク社会を実現する情報通信技術として，ブロードバンドネットワークとモバイル通信，クラウドコンピューティング，ユビキタス技術，スマートデバイス，ビッグデータなどが注目されている。

② 概ね500kbps以上の伝送能力を持つ高速・大容量の通信回線をブロードバンドネットワークという。家庭などの特定の場所で利用する固定通信だけではなく，携帯電話やスマートフォンのように動きながら利用するためのモバイル通信（移動通信）のブロードバンド化も進んだ結果，今では日本全国の広い地域で比較的低価格かつ高速にインターネットを利用できるようになった。

③ 企業などのコンピュータ利用は，自社で保有・管理する形態からクラウドコンピューティングに移行しつつある。クラウドコンピューティングには，「パブリッククラウド」，「プライベートクラウド」，両者を組み合わせた「ハイブリッドクラウド」の3つの形態がある。GPSなどのユビキタス技術やスマートデバイスの普及により，クラウドコンピューティングは色々な分野で利用が進むであろう。

④ インターネットの情報検索履歴や駅に設置された自動改札機の乗降記録のように日々発生する大量のデータをビッグデータという。ビッグデータを蓄積・処理・解析する技術が発達したことから，社会問題の解決や企業経営に活用しようという動きが活発になってきた。

第15章 情報システムの動向

❶ ユビキタスネットワーク社会と情報システム

◇ユビキタスネットワーク社会

　我が国は，2001年にIT戦略本部を内閣に設置し，高度情報通信ネットワーク社会の形成に関する施策を国家戦略として推進してきた。それは，情報通信ネットワークの整備とICT（情報通信技術）の活用による社会経済構造の改革によってユビキタスネットワーク社会を実現しようというものである。

　ユビキタスネットワーク社会構想は，1988年に米国ゼロックス社のMark Weiser（マーク ワイザー）が提唱したユビキタスコンピューティング（Ubiquitous Computing）という概念を我が国独自に発展させたものである。「ユビキタス」はラテン語で「いたるところに在る。あまねく存在する。遍在する。」という意味であり，「ユビキタスコンピューティング」が「コンピュータをどこにいても活用できる」ことを目指したのに対して，「ユビキタスネットワーク社会」は「いつでも，どこでも，何でも，誰でもネットワークにつながることにより，さまざまなサービスが提供され，人々の生活をより豊かにする社会」を目指している。（総務省発行『平成16年度版情報通信白書』）

◇ユビキタスネットワーク時代の情報システム

　今では我が国の情報通信ネットワークは世界最高レベルにまで発展し，私たちの生活や社会は大きく変わった。私たちはスマートフォンを使うことによって，いつでもどこでも情報を収集したりコミュニケーションをとったりすることができるようになったし，企業は消費者向けにインターネットを使った新しいビジネスを次々と創造している。また，自動車や家電製品など多くの機器（モノ）にコンピュータやセンサを組み込むことにより，人と人だけではなく，モノとモノ，人とモノがネットワークを介してつながるようになってきた。

　ユビキタスネットワーク社会を実現するには，人とモノを相互につなぐとともに，そこで生成される情報を私たちの生活や社会に活用するための情報システムが必要になる。そのような情報システムを構築するための情報通信技術として，ブロードバンドネットワークとモバイル通信，クラウドコンピューティ

ング，ユビキタス技術，スマートデバイス，ビッグデータが注目されている。

❷ ブロードバンドネットワークとモバイル通信

◇ブロードバンドネットワークとは

　インターネットが広く普及するにともない，文字データだけではなく画像や音声といった大量のデータを高速に送受信したいというニーズが高まってきた。このようなニーズの高まりを背景として，我が国はブロードバンドネットワークを中心として情報通信ネットワークの整備を進めてきた。ブロードバンドネットワークは概ね500kbps以上の伝送能力を持つ高速・大容量の通信回線であり，それ以下の伝送能力しか持たない通信回線はナローバンドと呼ばれている。ブロードバンドネットワークの高速化と広域化が進められた結果，今では日本全国の広い地域で比較的低価格かつ高速にインターネットを利用できるようになった。

◇ブロードバンドネットワークの種類

　家庭や会社に設置されたパソコン等からインターネットを利用するには，通信事業者のネットワークを経由してISP（インターネットサービスプロバイダ）と接続する。利用者のパソコン等と通信事業者とを接続する通信回線をアクセス回線という。インターネットや通信事業者の内部のネットワークをいくら高速化しても，アクセス回線が遅いと，インターネットを高速に利用することはできない。我が国が情報通信ネットワークの整備を進める中で重点的に取り組んだのが，高速のアクセス回線を全国で安く利用できるようにすることであった。今では，アクセス回線のブロードバンド化と定額常時接続サービスが広く普及した結果，料金を気にすることなくいつでも高速にインターネットを利用できるようになった。

　ブロードバンドネットワークは，家庭の固定電話のようにいつも同じ場所で利用する固定通信と，携帯電話やスマートフォンのように動きながら利用するためのモバイル通信（移動通信）に分けることができる。

固定通信

ブロードバンドネットワークのアクセス回線としてはADSLやCATV，FTTHが広く利用されている。既存の電話回線を利用できることことからADSLが広く使われてきたが，現在は光ファイバ網の整備が進んだ結果，FTTHが主流になりつつある。

図表15-1 固定通信とモバイル通信

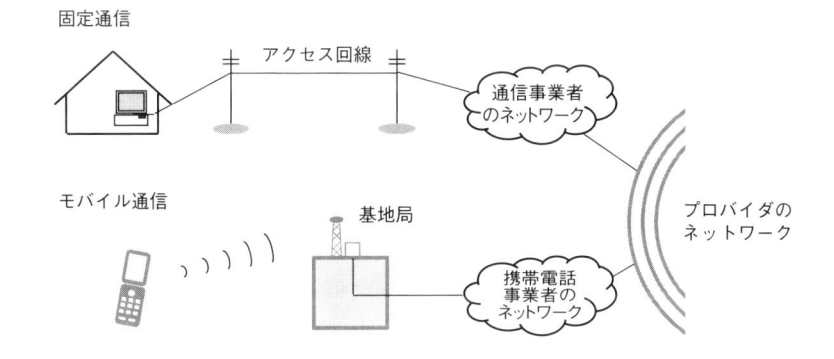

図表15-2 主なブロードバンドネットワーク（固定通信）

	アクセス回線	説明	伝送媒体	最大伝送速度
有線	ADSL*	固定電話の電話回線を利用する。	アナログ電話回線（銅線ケーブル）	～50Mbps
有線	CATV**	ケーブルテレビ放送用のケーブルを利用する。	同軸ケーブル	～数10Mbps
有線	FTTH***	加入者宅まで光ファイバケーブルを敷設して利用する。	光ファイバ	～100Mbps
無線	FWA****	固定無線アクセスであり，WiMAXなどいくつかの規格がある。	電波	～約70Mbps

```
 *     Asymmetric Digital Subscriber Line（非対称デジタル加入者線）
 **    Community Antenna TeleVision
 ***   Fiber To The Home
 ****  Fixed Wireless Access
```

モバイル通信（移動通信）

　モバイル通信のアクセス回線は無線であり，携帯電話回線が広く利用されている。携帯電話やスマートフォンが普及し，通話だけでなくメールなどのデータ通信に対する需要が増えており，携帯電話回線の高速化と大容量化が進められている。国際電気通信連合（ITU）が標準通信規格として定めた第4世代（4G）携帯電話の商用化が進めば，1Gbps程度の大容量超高速のデータ通信が実現する予定である。なお，第3.9世代の携帯電話から第4世代と呼ぶこともある。また，携帯電話回線以外にも，固定無線アクセス回線であるWiMAXをモバイル通信用に拡張したモバイルWiMAXなどが利用されている。

図表15-3　携帯電話の変遷

世代	通信方式	通信規格（例）	最大伝送速度	特徴
第1世代（1G）	アナログ	AMPS	～8kbps	音声通話が主な用途。
第2世代（2G）	デジタル	cdmaOne PDC	～64kbps	音声通話とメールのようなテキスト中心のデータ通信。
第3世代（3G）	デジタル	CDMA	～2Mbps	画像，テレビ電話，音楽などのマルチメディアデータ。
第3.5世代（3.5G）	デジタル	HSPA	～14Mbps	第3世代の高速化と大容量化。
第3.9世代（3.9G）	デジタル	LTE	～150Mbps	光ファイバと同程度の伝送速度と音声通話のデータ通信化（IP通話）。

◇無線LAN

　無線LANは，無線を使って数m～数10m程度の範囲内で通信を行うLANである。無線LANでは，パソコンなどはアクセスポイントを介して相互に通信を行う。ルータを使って無線LANと通信事業者が提供するブロードバンドネットワークとを接続することにより，パソコンからインターネットを利用することが可能になる。最近は，アクセスポイントとルータの機能を内蔵した無線LANルータが広く利用されている。業界団体であるWi-Fi Alliance（ワイ-ファイ アライアンス）が無線LANの普及を進めており，Wi-Fi準拠と認定されたパソコンや無線LANルータなど

はメーカに関係なく相互に接続して利用することができる。

　また，駅やホテルなどの公共施設に設置された公共無線LANや，モバイルブロードバンドネットワークへの接続機能を備えたモバイル無線LANルータの普及により，外出先でも移動中でもインターネットを利用できるようになった。

3　クラウドコンピューティング・ユビキタス技術・スマートデバイス

◇クラウドコンピューティングとは

　クラウドコンピューティングは，第13章で説明したように，インターネットをベースとしたコンピュータ資源の利用形態である。パソコンだけではなくスマートフォンやタブレット（多機能携帯端末）などのスマートデバイス，自動車や家電などの機器といったように，人やモノがインターネットを通じてつながるユビキタスネットワーク社会では，情報システムはクラウドコンピューティングの形態へ移行していく。利用者は，パソコンやスマートデバイスなどのブラウザがあれば，色々な人やモノとつながり，必要な時にはいつでもコンピュータ資源を利用することができる。企業は自社でコンピュータ資源を保有・管理する必要がなくなり，クラウドコンピューティングのサービス提供事業者に対して利用料金を支払えば，必要な時に必要な量だけコンピュータ資源を利用できる。

　クラウドコンピューティングには，一般利用者にサービスを提供する「パブリッククラウド」と，特定の企業やグループ企業に対してサービスを提供する「プライベートクラウド」と，両者を組み合わせた「ハイブリッドクラウド」がある。最近は，企業内の重要なシステムはプライベートクラウドを使い，メールシステムなどはパブリッククラウドを使うといったハイブリッドクラウドの利用が普及している。

◇ユビキタス技術

　今や，スマートデバイスや家電など多くのモノにコンピュータとユビキタス技術が組み込まれ，モノ自体が状況を認識し情報を処理しながら相互に通信で

きるようになってきた。ユビキタス技術を活用したクラウドサービスが普及しつつあり、今後ますます増えていくことが予想されている。以下、主なユビキタス技術として、GPS, RFID, センサについて説明する。

GPS (Global Positioning System：全地球測位システム)

衛星からの電波を受けることにより自分の位置を検出するシステムであり、カーナビなどでも利用されている。10m程度の誤差で位置を知ることができる。GPSを内蔵したスマートデバイスのナビゲーション機能を使えば、現在位置を認識しながら目的地までの経路を知ることができる。

RFID (Radio Frequency IDentification)

RFIDは、人やモノの識別情報などをRFIDタグ（タグは荷札の意味）に内蔵されたICチップに記憶し、電波や電磁波によって読み取り器と交信する技術である。RFIDタグにはラベルやカードなど色々な形状をしたものがある。例えば、交通機関で利用されている電子マネーはカード型のICカードを利用したものであり、1枚のカードで交通機関だけではなく店舗や自動販売機などでも現金なしで料金を支払うことができる。カードに内蔵されたICチップには貨幣価値などの情報が記憶されていて、駅の改札や店舗に設置された読み取り器にカードをかざした時にICチップの情報を読み取って精算する。RFIDによって人やモノを識別することが可能になることから、勤怠管理、販売促進、物流、医療など幅広い分野で利用が広がっている。

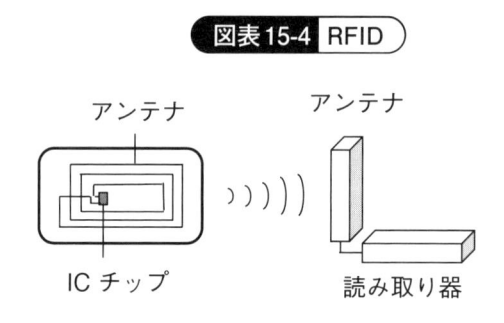

図表15-4 RFID

センサ

温度や気圧，光，電磁波などを検知する器具であり，コンピュータが人間の脳に相当するならば，センサは感覚器官に相当する。センサによって検知された情報は電気信号に変換されてコンピュータに送られる。例えば，エアコンにはコンピュータとセンサが組み込まれており，センサによって現在の温度を測定しながらコンピュータが自動的に温度を調整する。また，スマートデバイスにはGPSのほかに，方向を知るためのコンパス，向きや傾きを知るためのジャイロ，動きの大きさを知る加速度センサなどが組み込まれていて，さまざまなアプリケーションに用いられている。

◇スマートデバイス

スマートデバイスはスマートフォンとタブレットの総称である。スマートフォンは従来の携帯電話にコンピュータを組み込むことによって，通話だけではなく，インターネットなどパソコン並みの機能を実現した多機能携帯電話である。タブレットはスマートフォンより画面が大きく携帯情報端末としての利用が進んでいる。スマートデバイスには，従来の携帯電話と比較して，次のような特徴がある。

① 多様なアプリケーション利用

汎用のオペレーティングシステム（OS）を利用しており，インターネットからアプリ（アプリケーションソフトウェア）をダウンロードすることによって，色々な機能を追加することができる。

② パソコン並みの機能

従来の携帯電話では，携帯電話会社が開発した独自のメールシステムやホームページを利用しており，大量のデータを送信したり閲覧したりすることはできなかった。スマートデバイスでは，パソコンと同じようにインターネットのメールシステムやホームページを利用できる。

③ 多様な通信機能と高速データ通信

スマートデバイスでは，携帯電話回線と無線LAN（Wi-Fi）を使って通話とデータ通信を行うことができる。従来の携帯電話では，文字データが中心であ

ったが，高速データ通信が可能になったことから，音楽や動画など大量のデータでも処理できるようになった。

> **事例15-1　スマートデバイスとクラウドサービス**
>
> 　スマートデバイスがパソコン並みの機能と処理能力を持ち携帯性に優れていることから，スマートデバイスによるクラウドサービスの利用が進んでいる。いくつかの企業がメール，データ管理，スケジュール管理，文書作成などのサービスをパブリッククラウドとして提供しており，スマートデバイスやパソコンのブラウザさえあれば，これらのサービスを利用したり，インターネット上に保存されているデータを共有したりすることができる。

◇ M 2 M（エムツーエム）（machine to machine）

　機器にコンピュータやユビキタス技術を組み込むことにより，機器と機器がネットワークを通じて直接通信しながら高度な処理を行うことが可能になった。このような機器同士の通信形態をM2Mという。ビルの温度監視や空調制御，エレベーターの運用管理，自動販売機の遠隔監視など，色々な分野で利用が進んでいくであろう。

４　ビッグデータ

◇ビッグデータとは

　人とモノがネットワークを介してつながるユビキタスネットワーク社会では，大量のデータが生成され蓄積される。例えば，インターネットで情報を検索すれば，誰が，いつ，どのような情報を検索したかが履歴としてインターネット上に記録される。ソーシャルメディアでは，数知れぬ人が投稿したり，コメントしたりしている。自動改札機に電子マネーをかざした瞬間，誰が，どこの駅で，何時に，電車を乗降したかが記録される。これらの日々発生する大量

のデータをビッグデータという。

ビッグデータには次の3つの特性があり，従来の情報処理技術では処理することが困難であったが，大量データを蓄積・処理・解析する技術が発達したことから，社会問題の解決や企業経営に活用しようという動きが活発になってきた。

① **Volume**（量）

従来多くの企業が分析対象としてきたデータは1テラバイト（2^{40}バイト）に満たなかったが，企業内外で発生するデータは数テラバイトから数ペタバイト（PB：2^{50}バイト）になってきた。

② **Variety**（種類）

従来，データは主にリレーショナルデータベースによって管理されてきた。リレーショナルデータベースは数値と文字のデータを対象としており，データとデータの関係をあらかじめ表の形で定義しておく必要がある。このようなデータの形式と関係を事前に定義できるデータを構造化データという。これに対して，ソーシャルメディアや各種機器で発生するデータは，数値や文字だけではなくドキュメント（文書）や音声，動画なども多くデータの形式が多様であり，データ間の関係も事前に定義することはできないため，非構造化データと呼ばれる。ビッグデータには構造化データと非構造化データの両方が含まれる。

③ **Velocity**（発生頻度）

交通機関で利用されているICカードの乗車履歴データはビッグデータの代表例であるが，このようなデータは次々と連続的に発生しており，高速かつリアルタイムに処理しなければならない。

◇ビッグデータの技術

ビッグデータを社会問題の解決や企業経営に活用することが可能になったのは，時々刻々と発生する大量で多様なデータを高速に蓄積・処理・解析する技術が発達したからである。このような技術には，大量のデータを複数のコンピュータで並列的に処理する並列分散処理技術，非構造化データを格納でき拡張性に優れるNoSQLデータベース，さらには機械学習や統計解析などの解析技術

がある。ビッグデータを活用する上で，データを解析して有用な意味や洞察を引き出すことのできる人材の育成や組織のあり方が課題になっている。

① 並列分散処理

ビッグデータを扱うには大量の処理能力を持つコンピュータが必要になる。これを実現する方法には，より高性能なコンピュータを使うスケールアップと，コンピュータの台数を増やすスケールアウトがある。スケールアップは費用が高く単体のコンピュータの処理能力には限界があるため，増え続けるビッグデータには不向きである。一方，スケールアウトは，性能は低くても低価格のコンピュータを大量に利用することにより，高性能なコンピュータと同等の処理能力を実現することが可能であり，データ量に応じて処理能力を段階的に拡張することが容易である。スケールアウトには高度な並列分散処理技術が必要であり，一般の企業などでは利用することができなかったが，並列分散処理のためのソフトウェアが開発され無償で公開されるようになったことから，ビッグデータの活用が一気に進んでいる。このようなソフトウェアは分散ファイルシステムと分散処理フレームワークの2つの機能を持つ。

分散ファイルシステム

複数のコンピュータに分散するファイルを束ねて仮想的なファイルシステムを構成する。

分散処理フレームワーク

分散する大量のデータを複数のコンピュータで処理する。

② NoSQL（ノーエスキューエル）データベース

ビッグデータは，複数のコンピュータや記憶装置に分散して保存することにより，データ量に応じた拡張が可能になる。データを分散して保存すると，従来のリレーショナルデータベースでは高速に処理することが困難なため，NoSQLデータベースが利用される。NoSQLデータベースは特定のデータベース管理システムの名称ではなく，SQLを利用するリレーショナルデータベース以外のデータベース管理システムの総称である。NoSQLデータベースには色々な種類があるが，高度な検索機能や厳密なデータの整合性を犠牲にしても大量のデータを高速に処理することに主眼を置いており，データ構造と検索機能が

非常にシンプルである点が共通している。構造化データは検索機能とデータの整合性に優れたリレーショナルデータベースによって管理し，大量の非構造化データはNoSQLデータベースによって管理するという使い分けが進むと考えられる。

③ **機械学習と統計解析**

機械学習と統計解析は長い歴史を持ち，色々な分野で利用されてきた。機械学習は人間のもつ学習能力をコンピュータで実現しようとする技術・手法であり，データに潜むパターンや規則性を発見するために利用されている。例えば，大量のメールを解析することによって，どのようなメールが迷惑メールと判定されるかが分かれば，迷惑メールの自動判定が可能になる。並列分散処理やNoSQLデータベースといった大量のデータを処理する技術が登場したことによって，機械学習や統計解析のビッグデータへの適用が期待されている。

◇**ビッグデータの応用**

ビッグデータは社会問題の解決や企業経営など多くの分野で活用されていくと予想されるが，ここではデータ解析とビジネスインテリジェンスへの応用について説明する。

データ解析

ビッグデータを直接，解析することにより，データに潜むパターンや規則性を発見する。ネット通販のレコメンドシステムなどで利用されている。レコメンドシステムでは，商品の検索履歴や購買履歴を蓄積しておき，機械学習を用いて消費者の嗜好や行動パターンを解析し，それに合った商品を消費者に勧める。これはリレーショナルデータベースでも実現できるが，ビッグデータの技術を利用すると解析時間を格段に短縮することができる。

ビジネスインテリジェンス

企業では販売や生産といった活動を支援する情報システム（基幹業務システム）を利用しているが，情報システムには顧客との取引や生産実績など企業活動に関するデータが多く蓄積されている。これらのデータを分析することにより，どのような商品を販売すればよいか，生産コストを下げるにはどうしたら

よいか，といった意思決定を支援するのがビジネスインテリジェンスの目的である。ビジネスインテリジェンスでは，基幹業務システムで発生したデータを専用のデータベースに蓄積しておいて，意思決定の目的に応じて色々な視点から分析することができる。ビジネスインテリジェンスで利用するデータベースには，基幹業務システムからデータを抽出して時系列的に蓄積するデータウェアハウス（データの倉庫）や，特定の目的に合わせて抜き出したデータマートがある。従来のビジネスインテリジェンスは構造化データを対象としているが，ビッグデータの解析結果を構造化してデータウェアハウスなどに蓄積すれば，より適切な意思決定が可能になる。

図表15-5　ビッグデータとビジネスインテリジェンス

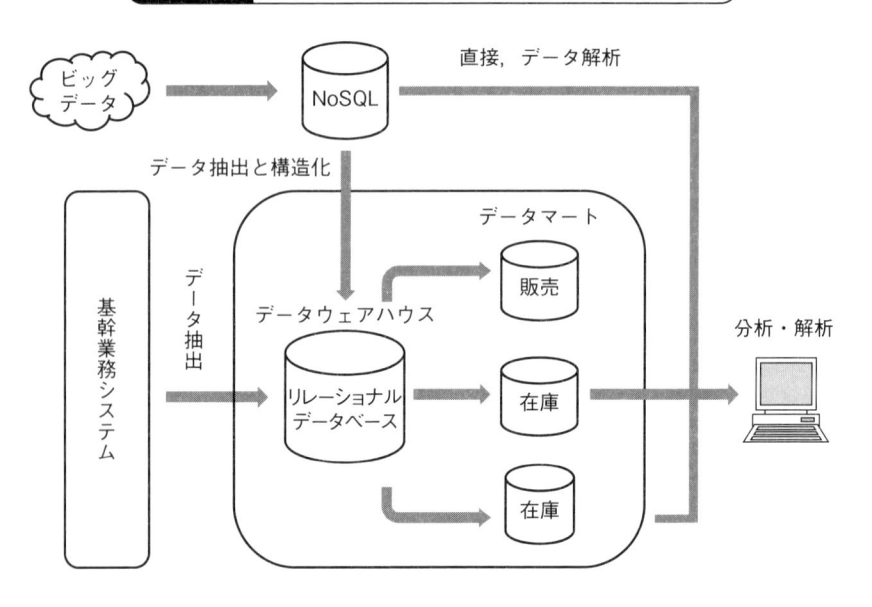

例えば，多くの企業がソーシャルメディアをマーケティングに利用しているが，SNSへの投稿やつぶやきなどを解析し，その結果をビジネスインテリジェンスによって分析すれば，消費者の新商品に対する好感度や嗜好の変化を知ることができる。

5 IoT

　IoT（Internet of Things）は，1999年にマサチューセッツ工科大のKevin Ashtonが提唱した概念であり，日本では「モノのインターネット」と訳されることが多い。コンピュータや通信機器だけでなく，自動車や家電，産業機器など様々な"モノ"をインターネットに接続し，"モノ"同士あるいは"モノ"と"人"とが相互に通信できるようにした仕組みを意味する。"機器間通信"という点ではM2Mに類似する概念であるが，特定の企業や機器に限定されることなく全ての"モノ"を接続するというインターネットのもつオープン性に注目しているところに特徴がある。企業は，"モノ"に組み込まれたセンサーなどから収集したデータを活用することにより，マーケティングや生産を効率化したり，革新的なサービスを創造したりすることが可能になる。例えば，建設機械メーカーのコマツは，GPSとセンサーを装備した建設車両を販売しており，インターネットを通して車両の稼働状況や位置などの情報を自動で収集し，顧客の車両管理業務をサポートするサービスを提供している。産業機器の遠隔計測・自動制御，スマートグリッド（次世代送電網），自動車の自動運転など，IoTは企業や社会を大きく変革するものとして期待されている。

　今，各国が国をあげてIoTを活用した産業競争力の強化に取り組んでいる。ドイツでは製造業の競争力を強化すべく，「第4次産業革命」を意味する「インダストリー4.0」を産官学で推進している。18世紀に蒸気機関によって第1次産業革命が起き，20世紀初頭には電気による大量生産によって第2次産業革命が起きた。20世紀後半にはコンピュータによる自動化によって第3次産業革命が進んだが，ドイツが目指すのはIoTによる第4次産業革命である。「インダストリー4.0」が実現すれば，製造から販売までのすべての生産設備，製品，人がIoTによって相互につながり，今までなかったような高効率かつ柔軟な多品種少量生産が可能になるとされる。米国では，製造業だけではなく，エネルギー，ヘルスケア，運輸，行政などの領域を対象として，IoTによる産業競争力の強化に取り組んでいる。この活動を主導しているのはゼネラル・エレクトリック社（GE社）など米国5社が創設した「インダストリアル・インターネット・コ

ンソーシアム」という組織である。また，日本においても，政府が中心となって，IoTを用いた新産業を育成するための制度改革や人材育成が進められている。

> **事例15-2　スマートグリッド（次世代送電網）**
>
> 　環境問題やエネルギー問題の解決策として，スマートグリッド（次世代送電網）による電力供給制御が注目されている。スマートグリッドの明確な定義はないが，各家庭にスマートメーターと呼ばれる電力メーターを設置することが基本になっている。スマートメーターから電力使用量などのデータをリアルタイムに収集して解析すれば，無駄がないように電力の供給を制御したり，家庭の家電製品を制御したりすることが可能になる。また，風力発電や太陽光発電などが環境負荷の少ないエコエネルギーとして期待されながら，電力供給が天候に依存していて不安定であるという問題がある。スマートグリッドでは，これらの電力供給源もリアルタイムで監視し，有効に活用することが構想されている。

要点整理

1. ユビキタスネットワーク社会と情報システム
　ユビキタスネットワーク社会は「いつでも，どこでも，何でも，誰でも（　ア　）につながることにより，さまざまなサービスが提供され，人々の生活をより豊かにする社会」である。ユビキタスネットワーク社会を実現するには，人とモノを相互につなぐとともに，そこで生成される情報を活用するための情報システムが必要になる。

2. ブロードバンドネットワークとモバイル通信
　ブロードバンドネットワークは概ね500kbps以上の伝送能力を持つ高速・大容量の通信回線であり，それ以下の伝送能力しか持たない通信回線はナローバンドと呼ばれる。

(1) ブロードバンドネットワークの種類
　アクセス回線によって分類すると，主なものとして次のものがある。
　固定通信
　　・ADSL　：固定電話の電話回線を利用する。
　　・CATV　：ケーブルテレビ放送用のケーブルを利用する。
　　・（　ア　）：加入者宅まで光ファイバケーブルを敷設して利用する。
　　・FWA　：固定無線アクセスであり，WiMAXなどいくつかの規格がある。
　モバイル通信（移動通信）
　　アクセス回線は無線であり，（　イ　）やモバイルWiMAXがある。

(2) 無線LAN
　無線を使って数m～数10m程度の範囲内で通信を行うLANである。（　ウ　）準拠と認定されたパソコンや無線LANルータなどは相互に接続して利用することができる。

3. クラウドコンピューティング・ユビキタス技術・スマートデバイス

(1) クラウドコンピューティングの形態
　クラウドコンピューティングはインターネットをベースとしたコンピュータ資源の利用形態であり，次の3種類がある。
　　・（　ア　）：一般利用者にサービスを提供。
　　・（　イ　）：特定の企業やグループ企業に対してサービスを提供。
　　・（　ウ　）：パブリッククラウドとプライベートクラウドを組み合わせたもの。

(2) ユビキタス技術とスマートデバイス
　① 主なユビキタス技術
　　・（　エ　）：衛星からの電波を受けることにより自分の位置を検出するシステム。
　　・（　オ　）：人やモノの識別情報などをRFIDタグ（タグは荷札の意味）に内蔵されたICチップに記憶し，電波や電磁波によって読み取り器と交信する技術。
　　・（　カ　）：温度や気圧，光，電磁波などを検知する器具。

② **スマートデバイス**
スマートデバイスは（　キ　）とタブレットの総称である。パソコン並みの機能と処理能力を持ち携帯性に優れていることから，スマートデバイスによるクラウドコンピューティングの利用が進んでいる。

③ **M2M**
機器にコンピュータやユビキタス技術を組み込むことにより，機器と機器がネットワークを通じて直接通信しながら高度な処理を行うことが可能になる。

4．ビッグデータ
（　ア　），（　イ　），さらには機械学習や統計解析などの技術や手法の発達により，時々刻々と発生する大量で多様なデータ（ビッグデータ）を高速に蓄積・処理・解析することが可能になった。スマートグリッドやビジネスインテリジェンスなど，社会問題の解決や企業経営でのビッグデータの活用が進められている。

5．IoT
コンピュータや通信機器だけでなく，自動車や家電，産業機器など様々な"モノ"をインターネットに接続し，"モノ"同士あるいは"モノ"と"人"とが相互に通信できるようにした仕組みであり，企業や社会を大きく変革するものとして期待されている。

練習問題

問1 新たな情報通信技術

次のア～オは何について説明したものか。解答群から選びなさい。
ア．ネットワークにつながれた機器同士が人間の介在なしで相互に情報交換しながら動作するシステム。
イ．大量で多様なデータが次々と連続的に発生しており，高速かつリアルタイムに処理することによって迅速な意思決定や機器の制御などが可能になる。
ウ．利用者は最低限のインターネット接続環境のみを用意し，必要なコンピュータ資源はインターネット経由でサービスという形で利用する仕組み。
エ．データを蓄積・分析・加工することで，意思決定に活用しようとする仕組み。
オ．あらゆる所にコンピュータが存在し，コンピュータ同士が協調動作することによって人々の利便性が高まるような情報環境。

〔解答群〕
a．クラウドコンピューティング　　b．M2M　　c．ビジネスインテリジェンス
d．ユビキタスコンピューティング　　e．ビッグデータ

問2 情報システムの動向

次の文章は情報システムの動向について説明したものである。空欄に入る適語を解答群から選びなさい。

「今日，ブロードバンドネットワークの普及，クラウドコンピューティング環境の拡充，ビッグデータの利用技術の発展を契機として，情報システムのパラダイム転換が進展している。スマートフォンなどの（　ア　）が急速に普及しており，誰もが，いつでも，どこでもネットワークにつながることによりさまざまなサービスを受けることができるようになった。（　イ　）を実現するための技術的なインフラ（基盤）は整ったといえる。

ネットワーク基盤としては，LTEに代表される（　ウ　）の発展，家庭内外におけるアクセスポイントの整備，Wi-Fiの普及などによって，これまで個別に運用されてきた有線網と無線網を統合的に利用することが可能になってきた。このようなネットワーク基盤を背景として，サーバなどのコンピュータ資源を企業などが個別に設置して利用するのではなく，インターネットを通じてサービスとして利用する（　エ　）へと移行しつつある。

インターネットの社会基盤化によって，ネットワーク上で生成・蓄積されるデータは爆発的に増大している。このような多種多量のデータは（　オ　）と呼ばれ，それを解析することにより異変の察知や近未来の予測等が可能になる。企業では，

ビッグデータを活用することにより，顧客の嗜好に応じた商品・サービスの提供や消費者に訴求する新商品の企画など，事業活動の効率的運営や新規事業の創出が可能になるものと期待されている。また，（　カ　）が環境問題やエネルギー問題の解決策として注目を集めているように，社会インフラ運用においてもビッグデータの活用が進められている。」

〔解答群〕
a. クラウドコンピューティング　　b. ビッグデータ　　c. スマートグリッド
d. ユビキタスネットワーク社会　　e. スマートデバイス
f. モバイルブロードバンドネットワーク

要点整理解答

第1章　問題解決と情報処理
1. 問題解決
   ア　問題の明確化　　イ　解決策の検討・評価　　ウ　意思決定
2. 情報処理とメディア
   ア　情報処理　　イ　コミュニケーション　　ウ　データ　　エ　情報
   オ　伝達手段　　カ　表現方法　　キ　媒体　　ク　情報処理

第2章　情報通信技術とコンピュータ
1. 情報通信技術
   ア　情報技術または情報通信技術
2. コンピュータの機能と構成
   ア　入力　　イ　処理　　ウ　出力　　エ　ハードウェア
   オ　ソフトウェア　　カ　汎用性
3. コンピュータの歴史
   ア　ENIAC　　イ　低価格化
4. コンピュータの種類
   ア　汎用コンピュータ　　イ　サーバ　　ウ　スーパーコンピュータ
   エ　ワークステーション　　オ　パーソナルコンピュータ
   カ　マイクロコンピュータ

第3章　デジタル情報
1. アナログとデジタル
   ア　デジタル量　　イ　アナログ量　　ウ　デジタル表現　　エ　アナログ表現
   オ　デジタル情報　　カ　通信・記録　　キ　加工　　ク　数値
2. 情報の単位
   ア　ビット　　イ　2^n　　ウ　バイト　　エ　256　　オ　キロ　　カ　メガ
   キ　ギガ　　ク　テラ
3. ビットパターンとコード化
   ア　ビットパターン　　イ　コード化

第4章　数値・文字の表現
1. 2進法
   ア　10　　イ　2
2. 2進数
   ア　10　　イ　2
3. 10進数
   ア　16　　イ　16
4. 文字の表現
   ア　文字コード　　イ　JIS X0201　　ウ　ASCII　　エ　EBCDIC
   オ　JIS X0208　　カ　シフトJIS　　キ　EUC　　ク　Unicode

第5章　画像・音の表現
1. 画像の表現
   ア　画素（ピクセル）　　イ　緑　　ウ　青　　エ　静止画（フレーム）

191

オ　フレームレート
　2.　音の表現
　　　ア　サンプリング　　イ　量子化　　ウ　符号化
　3.　データの形式と圧縮
　　　ア　圧縮　　イ　伸張　　ウ　BMP（Bit Map）　　エ　GIF　　オ　JPEG
　　　カ　MPEG　　キ　MP3

第6章　ハードウェアとソフトウェア
　1.　ハードウェア
　　　ア　入力　　イ　出力　　ウ　記憶　　エ　演算　　オ　制御　　カ　入力
　　　キ　出力　　ク　記憶　　ケ　中央処理
　2.　ソフトウェア
　　　ア　オペレーティングシステム　　イ　言語プロセッサ　　ウ　ミドルウェア

第7章　パソコンのハードウェア
　1.　パソコンの種類と構成
　　　ア　補助記憶　　イ　入力　　ウ　出力　　エ　周辺
　2.　CPUと主記憶装置
　　　ア　演算　　イ　制御　　ウ　クロック周波数　　エ　RAM
　　　オ　アクセス時間　　カ　記憶容量
　3.　補助記憶装置
　　　ア　磁気ディスク　　イ　磁気テープ　　ウ　光ディスク
　　　エ　フラッシュメモリ
　4.　入出力装置
　　　ア　キーボード　　イ　マウス　　ウ　スキャナ　　エ　ディスプレイ
　　　オ　プリンタ

第8章　アルゴリズム
　1.　アルゴリズムとフローチャート
　　　ア　アルゴリズム　　イ　文章　　ウ　フローチャート
　2.　アルゴリズムの基本構造
　　　ア　順次　　イ　選択　　ウ　繰り返し

第9章　プログラミング
　1.　プログラミング
　　　ア　翻訳　　イ　機械語　　ウ　プログラミング言語　　エ　プログラム設計
　　　オ　コーディング　　カ　翻訳（コンパイル）　　キ　テスト・デバッグ
　　　ク　プログラムの実行
　2.　プログラミング言語
　　　ア　アセンブラ言語　　イ　高水準言語

第10章　ファイルとデータベース
　1.　ファイル
　　　ア　ファイル　　イ　ファイルシステム

2. データベースの目的
   ア データ　　イ 共有
3. データベース管理システム
   ア データの独立性　　イ 冗長性の排除　　ウ 同時処理
   エ データの機密性　　オ データベースの障害回復
4. リレーショナルデータベース
   ア 表　　イ 行　　ウ 列　　エ 主キー　　オ テーブル　　カ ビュー
   キ 選択　　ク 射影　　ケ 結合

第11章　コンピュータネットワークの基礎
1. コンピュータネットワークとは
   ア 通信回線　　イ LAN　　ウ WAN　　エ bps
2. LAN
   ア バス　　イ リング　　ウ スター　　エ イーサーネット
3. WAN
   ア 専用　　イ 交換　　ウ 回線交換　　エ 蓄積交換　　オ パケット交換
4. 通信プロトコル（通信規約）
   ア OSI参照モデル　　イ TCP/IP　　ウ アプリケーション層
   エ トランスポート層　　オ インターネット層
   カ ネットワーク・インターフェース層

第12章　インターネット
1. インターネットの意味と歴史
   ア コンピュータネットワーク　　イ ARPANET
2. IPアドレスとドメイン名
   ア IPアドレス　　イ DNS
3. インターネットのサービス
   ア Webページ　　イ ブラウザ　　ウ ハイパーリンク
   エ メーラ　　オ メールアドレス
   カ メールサーバ　　キ 人間関係
4. 電子商取引
   ア 電子商取引　　イ 企業間取引　　ウ 企業－消費者間取引

第13章　情報システムの基礎
1. 情報システムの形態と処理方式
   ア ホストコンピュータシステム　　イ クライアントサーバシステム
   ウ クライアント　　エ インターネット　　オ クラウドコンピューティング
   カ 通信回線　　キ リアルタイム処理　　ク 分散処理
2. 情報セキュリティ
   ア 暗号　　イ 復号　　ウ 共通鍵暗号方式　　エ 公開鍵暗号方式
   オ デジタル署名　　カ 認証機関　　キ コンピュータウィルス
   ク ワクチンプログラム

第14章　情報システムの開発
1. システム開発の基礎
   ア　ライフサイクル　　イ　品質　　ウ　費用
2. システム開発の方法論
   ア　ウォーターフォール　　イ　プロトタイプ　　ウ　スパイラル
3. システム開発のプロセス
   ア　基本計画　　イ　外部設計（システム方式設計）
   ウ　内部設計（ソフトウェア方式設計）　　エ　プログラム設計
   オ　プログラミング　　カ　テスト

第15章　情報システムの動向
1. ユビキタスネットワーク社会と情報システム
   ア　ネットワーク
2. ブロードバンドネットワークとモバイル通信
   ア　FTTH　　イ　携帯電話回線　　ウ　Wi-Fi
3. クラウドコンピューティング・ユビキタス技術・スマートデバイス
   ア　パブリッククラウド　　イ　プライベートクラウド
   ウ　ハイブリッドクラウド
   エ　GPS（Global Positioning System：全地球測位システム）
   オ　RFID（Radio Frequency Identification）　　カ　センサ
   キ　スマートフォン
4. ビッグデータ
   ア　並列分散処理技術　　イ　NoSQLデータベース

練習問題解答

第1章 問題解決と情報処理
問1 販売計画の策定と実施
　ア　解決策の検討・評価　　イ　問題の明確化　　ウ　情報の収集
　エ　解決策の実施　　オ　情報の加工

問2 設備投資の意思決定

（総合評価表）

評価項目	重み	機械X	機械Y	機械Z
性能	0.5	1.5	2.0	0.5
価格	0.3	0.6	0.3	1.2
サービス	0.2	0.2	0.6	0.4
合計		2.3	2.9	2.1
順位		2	1	3

　　　　　　　　　　　　　　　　　　答え　購入する機械　Y

問3 問題解決と情報通信技術
〔解答例〕
　　新しいメディアは、問題解決における情報処理のあり方を大きく変えた。世界中の人々に瞬時に情報を伝達できるようになったし、文字、音声、写真、映像などを統合して情報を表現できるようになった。また、インターネット上には大量の情報が蓄積され、容易に検索して取り出すことができる。

第2章 情報通信技術とコンピュータ
問1 情報通信技術
　ア　c　　イ　b　　ウ　a
問2 コンピュータの基本機能
　ア　入力（Input）　　イ　処理（Process）　　ウ　出力（Output）
問3 コンピュータによる情報処理の利点
　ア　記憶性　　イ　高速性　　ウ　正確性　　エ　汎用性
問4 コンピュータの種類
　ア　パーソナルコンピュータ　　イ　汎用コンピュータ
　ウ　スーパーコンピュータ

第3章 デジタル情報
問1 アナログとデジタル
　ア　デジタル量　　イ　デジタル量　　ウ　アナログ量
問2 情報の単位
　Q1　32通り
　Q2　8ビット
　Q3　128通り
　Q4　8ビット
問3 ビットパターン
　Q1　9ビット

Q2　110　010　101
Q3

	▓	▓
▓		
		▓

Q4　2^9（＝512）通り

第4章　数値・文字の表現
問1　進法と進数
　ア　9　イ　2　ウ　1　エ　101　オ　16　カ　4　キ　B5
問2　数の変換
　Q1　20
　Q2　100011
　Q3　D5
　Q4　111110
問3　文字コード
　Q1　0101　1010
　Q2　434154
　Q3　4
問4　文字コードとバイト数
　Q1　25バイト
　Q2　50バイト
　Q3　式　2バイト／文字×2000文字／ページ×10ページ＝40000バイト
　　　　　　　　　　　　　　　　答え　約40キロバイト（KB）

第5章　画像・音の表現
問1　静止画のデジタル化
Q1

0	0	0	0
1	1	1	1
1	1	1	1
0	0	0	0

Q2　2バイト（16ビット）

　　　　Q3

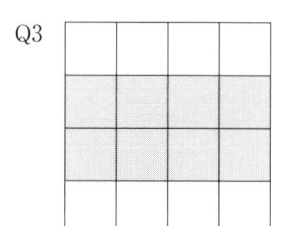

(grid figure)

問2　動画のデジタル化
　Q1　式　3バイト×1024×1024×30fps×4秒＝360メガバイト
　　　　　　　　　　　　　　　　　　答え　360メガバイト（MB）
　Q2　イ
　Q3　90メガバイト
問3　音の表現
　Q1　10　11　10　01　00　10
　Q2　ウ

第6章　ハードウェアとソフトウェア
問1　コンピュータの機能
　ア　ウ　オ
問2　オペレーティングシステム
　②　c　　③　b　　⑥　a
問3　コンピュータによる処理の流れ
　①　エ　　②　オ　　③　ウ　　④　カ（またはイ）　　⑤　イ（またはカ）
　⑥　ア

第7章　パソコンのハードウェア
問1　CPU
　式　10^9クロック／秒÷5クロック／命令＝2×10^8命令／秒　　答え　2億
問2　入出力装置
　ア　キーボード　　イ　マウス　　ウ　スキャナ　　エ　ディスプレイ
　オ　プリンタ
問3　ファイルによるデータ管理
　Q1　氏名：20バイト　　所属部門コード：2バイト
　Q2　式　6＋20＋1＋1＋2＝30　　　　答え　30バイト（B）
　Q3　30バイト×10,000＝300キロバイト　　答え　約300キロバイト（KB）
　Q4　式　300キロバイト÷(0.5キロバイト／セクタ×300セクタ)＝2
　　　　　　　　　　　　　　　　　　答え　2トラック

第8章　アルゴリズム
問1　アルゴリズムとフローチャート
　Q1　ア　c←a＋b　　イ　d←a×b
　Q2　ア　a＜60

197

問2 フローチャートの作成

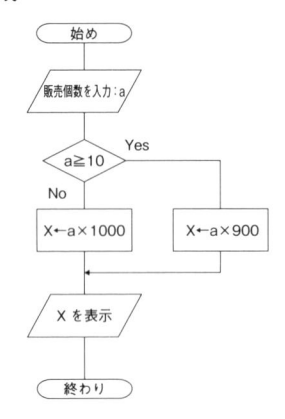

```
       始め
        │
   販売個数を入力:a
        │
      a≧10 ──Yes──┐
        │         │
        No        │
        │         │
   X←a×1000   X←a×900
        │         │
        └────┬────┘
             │
          X を表示
             │
           終わり
```

第9章 プログラミング
問1 BASIC言語の文法
Q1　ア　(A＋B)＊C　　イ　A＋B／C　　ウ　(A^5＋B)／C
Q2　ア　INPUT　"金額を入力"：KINGAKU
　　イ　PRINT　"計算結果は"；X；"です"
　　ウ　END

問2 BASICによるプログラミング
Q1　ア　(A＋B＋C)／3　　イ　HEIKIN
Q2　ア　YOKIN＊(1＋R)^5　　イ　GOKEI

問3 フローチャートとプログラミング
［フローチャート］

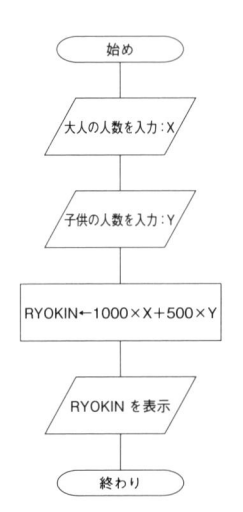

```
          始め
           │
    大人の人数を入力:X
           │
    子供の人数を入力:Y
           │
  RYOKIN←1000×X＋500×Y
           │
      RYOKIN を表示
           │
         終わり
```

[プログラム]
```
INPUT "大人の人数"：X
INPUT "子供の人数"：Y
RYOKIN = 1000 * X + 500 * Y
PRINT "入園料の合計金額は"；RYOKIN；"円です。"
END
```

第10章　ファイルとデータベース
問1　リレーショナルデータベースの構造
　Q1　ア　部門コード　　イ　部門名
　Q2　社員テーブル：社員番号　　部門テーブル：部門コード
問2　テーブルの定義
　Q1　①　顧客番号　　②　氏名　　③　住所　　④　誕生日　　⑤　性別
　　　⑥　購買金額
　Q2　①　顧客番号　　②　氏名　　③　住所　　④　誕生日　　⑤　性別
　　　⑥　購買金額
　Q3　顧客番号
問3　データベースの検索
　ア　デジタルカメラ　　イ　冷蔵庫　液晶テレビ
　ウ　エアコン　空気清浄機　デジタルカメラ
　エ　エアコン　空気清浄機　デジタルカメラ

第11章　コンピュータネットワークの基礎
問1　コンピュータネットワーク
　ア　c　　イ　b　　ウ　d　　エ　a
問2　WAN
　ア　a　　イ　b　　ウ　c
問3　伝送速度と伝送時間
　式　1800キロバイト×8ビット／バイト×0.5÷(50kbps×0.6) = 240秒

　　　　　　　　　　　　　　　　　　　　　　　　　　　答え　240秒
問4　ネットワークによるプリンタの共有
　Q1　式　30枚／分×60分×0.5 = 900枚　　答え　900枚／時
　Q2　式　60枚／台・時×20台 = 1200枚／時　　答え　1200枚／時
　Q3　式　1200枚／時：900枚／時÷1.3　　答え　2台
問5　通信料金
　式　3,000円÷(0.3円／パケット×10パケット／回) = 1,000回　　答え　1,000回

第12章　インターネット
問1　インターネットの機能
　ア　Webページ　　イ　URL　　ウ　ハイパーリンク　　エ　ハイパーテキスト
　オ　WWW　　カ　メール　　キ　メールアドレス

問2　電子商取引
Q1　〔解答例〕
① より多くの企業との取引が可能となるため，最適な供給業者を選んで取引することができる。
② 商品・取引相手の探索から注文・決済までの一連の取引活動をコンピュータネットワーク上で行うことにより，取引を効率化することができる。
③ より多くの消費者に対して商品を販売することができる。
④ 消費者に対して革新的なサービスを提供したり，商品の販売・配送・決済を効率化したりすることができる。

Q2　ア　物財　　イ　サービス財　　ウ　デジタル財
Q3　クレジットカード　銀行振り込み　電子マネー　代金引換（代引き）など

問3　HTML
ア　／TITLE　　イ　BODY　　ウ　BR

第13章　情報システムの基礎
問1　情報システムの形態と処理方式
イ　ウ
問2　暗号方式
Q1　a
Q2　c
問3　情報システムの導入
Q1　ア　クライアント　　イ　サーバ　　ウ　クライアント
Q2　ア　リアルタイム処理　　イ　リアルタイム処理　　ウ　バッチ処理
Q3　式　（10分／件×100件／日）÷（8時間×60分×0.5）≒4.17　　答え　5台

第14章　情報システムの開発
問1　情報システムの品質
ア　信頼性　イ　機能性　ウ　移植性　エ　使用性　オ　効率性
カ　保守性
問2　システム開発のプロセス
ア　プロトタイプモデル　　イ　スパイラルモデル
ウ　ウォーターフォールモデル
問3　ウォーターフォールモデル
Q1　外部設計
Q2　基本計画
Q3　基本計画　運用テスト

第15章　情報システムの動向
問1　新たな情報通信技術
ア　b　　イ　e　　ウ　a　　エ　c　　オ　d
問2　情報システムの動向
ア　e　　イ　d　　ウ　f　　エ　a　　オ　b　　カ　c

索引

数字
10進法…30
16進数…31
16進法…31
1バイトコード…37
2進数…31
2進法…30
2バイトコード…37
4G…176　→第4世代

欧文
ADSL…175
AND…109　→論理積
ARPA NETwork…130　→ARPANET
ARPANET…130　→ARPA NETwork
ASCII…37
B…26　→byte, バイト
BASIC…91
BASIC言語…91
BInary digiT…24　→bit, ビット
bit…24　→BInary digiT, ビット
bit per second…119　→bps
Bitmap…47　→BMP
BMP…47　→Bitmap
bps…119　→bit per second
BtoB…138
　　→Business to Business, 企業間取引
BtoC…139　→Business to Consumer,
　　企業-消費者間取引
Business to Business…138
　　→BtoB, 企業間取引
Business to Consumer…139
　　→BtoC, 企業-消費者間取引
byte…26　→B, バイト
C…91
C++…91
Carrier Sense Multiple Access/Collision
　　Detection…121　→CSMA/CD
Cathode Ray Tube…72　→CRT
CATV…175
CD…66, 69　→Compact Disc

Central Processing Unit…15
　　→CPU, 中央処理装置
cloud computing…150
　　→クラウドコンピューティング
COBOL…91
Compact Disc…66　→CD
Consumer to Consumer…140
　　→CtoC, 消費者間取引
CPU…15, 55, 60, 61, 66, 67
　　→Central Processing Unit, 中央処理装置
CRT…72　→Cathode Ray Tube
CRTディスプレイ…72
CSMA/CD…121
CtoC…140
　　→Consumer to Consumer, 消費者間取引
DataBase Management System…102
　　→データベース管理システム, DBMS
DBMS…102　→DataBase Management
　　System, データベース管理システム
Digital Versatile Disc…66　→DVD
DNS…132
DNSサーバ…132
Domain Name System…132　→DNS
dot per inch…43　→dpi
dpi…43　→dot per inch
DVD…66, 69　→Digital Versatile Disc
EBCDIC…37
EC…138　→Electronic Commerce,
　　eコマース, 電子商取引
EDI…138　→Electronic Data Interchange,
　　電子データ交換
EDSAC…15　→Electronic Delay Storage
　　Automatic Calculator
Electronic Commerce…138
　　→EC, eコマース, 電子商取引
Electronic Data Interchange…138
　　→EDI, 電子データ交換
Electronic Delay Storage Automatic
　　Calculator…15　→EDSAC
Electronic Numerical Integrator And
　　Computer…14　→ENIAC
e-mail…136　→電子メール

201

END文…91, 93
ENIAC…14 →Electronic Numerical Integrator And Computer
Ethernet…121 →イーサーネット
EUC…37
eコマース…138
　→EC, Electronic Commerce, 電子商取引
FORTRAN…91
fps…44 →frame per second
frame per second…44 →fps
FTTH…175
FWA…175
GB…26 →ギガバイト
Gbps…119 →ギガビット毎秒
GIF…47
Global Positioning System…178
　→GPS, 全地球測位システム
GPS…178, 185 →Global Positioning System, 全地球測位システム
Hard Disc Drive…66
　→HDD, ハードディスク
HDD…66
　→Hard Disc Drive, ハードディスク
HTML…135
　→Hypertext Markup Language
Hypertext Markup Language…135
　→HTML
IC…15 →Integrated Circuit, 集積回路
ICT…11, 173 →Information and Communication Technology, 情報通信技術
ICチップ…178
Information and Communication Technology…11 →ICT, 情報通信技術
Information Technology…11
　→IT, 情報技術
Input…12, 92 →入力
INPUT文…91, 92
Integrated Circuit…15 →IC, 集積回路
Internet of Things…185 →IoT
Internet Protocol…132 →IP
IoT…185 →Internet of Things
IP…132 →Internet Protocol

IPv4…132 →IPバージョン4
IPv6…132 →IPバージョン6
IPアドレス…131
IPバージョン4…132 →IPv4
IPバージョン6…132 →IPv6
ISP…174
　→インターネットサービスプロバイダ, プロバイダ
IT…11
　→Information Technology, 情報技術
Japanese Industrial Standards…35
　→JIS, 日本工業規格
Java…91
JIS…35 →Japanese Industrial Standards, 日本工業規格
JIS X0121…79
JIS X0201…36
JIS X0208…37
JPEG…47
KB…26 →キロバイト
kbps…119 →キロビット毎秒
LAN…118, 120
　→Local Area Network, 構内通信網
　――の規格…121
Large Scale Integration…15
　→LSI, 大規模集積回路
Linux…58
Local Area Network…118
　→LAN, 構内通信網
LSI…15 →Large Scale Integration, 大規模集積回路
LTE…176
M2M…180 →machine to machine
machine to machine…180 →M2M
MB…26 →メガバイト
Mbps…119 →メガビット毎秒
MP3…47
MPEG…47
MPEG1…47
MPEG2…47
MPEG4…47
NoSQLデータベース…182

NOT…109　→否定
NSF NETwork…131　→NSFNET
NSFNET…131　→NSF NETwork
Operating System…57
　→OS，オペレーティングシステム
OR…109　→論理和
OS…57，179　→Operating System，
　オペレーティングシステム
OS X…58
OSI参照モデル…123，124
Output…12　→出力
PB…181　→ペタバイト
PC…18　→Personal Computer，
　パーソナルコンピュータ，パソコン
Personal Computer…18
　→PC，パーソナルコンピュータ，パソコン
PRINT文…91，93
Process…12　→処理
QXGA…72
Radio Frequency IDentification…178
　→RFID
RAM…66，68　→Random Access Memory
Random Access Memory…68　→RAM
Read Only Memory…68　→ROM
Relational DataBase…103　→リレーショナ
　ルデータベース，関係型データベース
RFID…178
　→Radio Frequency IDentification
RFIDタグ…178
RGB…42
ROM…66，68　→Read Only Memory
SDメモリ…71
SELECT文…108
SNS…137，138
　→Social Networking Service
Social Networking Service…137　→SNS
Solid State Drive…70　→SSD
SQL…108，182　→Structured Query
　Language，構造化照会言語
SSD…66，69，70　→Solid State Drive
Structured Query Language…108
　→SQL，構造化照会言語

SXGA…72
TB…26　→テラバイト
TCP/IP…123，124，131，132，149
　→Transmission Control Protocol/Internet
　Protocol
Transmission Control Protocol/Internet
　Protocol…124　→TCP/IP
Ubiquitous Computing…173
　→ユビキタスコンピューティング
Unicode…37
Uniform Resource Locator…135　→URL
Universal Serial Bus…70　→USB
UNIX…58
URL…135　→Uniform Resource Locator
USB…70　→Universal Serial Bus
USBメモリ…69，70
Very Large Scale Integration…15
　→VLSI，超大規模集積回路
VLSI…15　→Very Large Scale
　Integration，超大規模集積回路
WAN…118，121
　→Wide Area Network，広域通信網
Web-EDI…139
Webサイト…136
Webページ…134
Wide Area Network…118
　→WAN，広域通信網
Wi-Fi…176，179
WiMAX…175
Windows…58
World Wide Web…134　→WWW
WWW…134，149　→World Wide Web
WWWサーバ…135
XGA…72

ア

アクセスアーム…70
アクセス回線…174
アクセス時間…68
アクセスポイント…176
アセンブラ言語…90
圧縮…47

203

アトリビュート…104
　→項目，属性，列，フィールド
アナログ…22
アナログ情報…23
アナログ信号…45
アナログ表現…23
アナログ量…22　→連続量
アプリ…179
　→アプリケーションソフトウェア
アプリケーション層…124
アプリケーションソフトウェア…56，124，179　→アプリ
アルゴリズム…78，88，168
　——の基本構造…83
暗号…152
暗号化…152，153
暗号文…152
イーサネット…121，124　→Ethernet
意思決定…2，184
一括処理…147　→バッチ処理
移動通信…176　→モバイル通信
色数…72
インクジェットプリンタ…73
インターネット…117，123，124，129，149，150，174，177
　——の歴史…130
インターネットサービスプロバイダ…174
　→ISP，プロバイダ
インターネット層…124
インタプリタ型言語…91
イントラネット…149
ウィルス…154
ウォーターフォールモデル…161
運用テスト…168
液晶ディスプレイ…72
エクストラネット…149
演算…54，80，93
円盤…69　→ディスク
オークション…140　→競売
オーサーリングツール…48
音の表現…45
オフライン処理…148

オペレーティングシステム…57，99，179
　→OS，Operating System
オンラインシステム…101，147
オンラインショッピング…139
　→ネットショッピング
オンライン処理…148

カ

回線交換機…122
回線交換方式…122
解像度…43，72
外部設計…167　→システム方式設計
鍵…152
拡張子…98
画素…42　→ピクセル
画像…41
　——の表現…41
かな漢字変換システム…71
画面…167
画面サイズ…72
関係型データベース…103　→リレーショナルデータベース，Relational DataBase
キーボード…66，71
記憶…54，60，92，93
記憶装置…55，66，68
機械学習…183
機械語…67，88，89
ギガバイト…26　→GB
ギガビット毎秒…119　→Gbps
企業間取引…138
　→BtoB，Business to Business
企業−消費者間取引…139
　→BtoC，Business to Consumer
基本計画…165
基本ソフトウェア…57
逆オークション…140
行…104　→組，タプル，レコード
共通鍵暗号方式…152
競売…140　→オークション
記録メディア…7
キロバイト…26　→KB
キロビット毎秒…119　→kbps

組…104 　→行，テーブル，レコード
クライアント…17，149，151
クライアントサーバシステム…17，148
クラウドコンピューティング…150，177
　　→cloud computing
繰り返し構造…85
クロック…67
クロック周波数…67
携帯情報端末…179
携帯電話回線…176，179
ケーブル…120　→伝送路
結合…106
結合テスト…168
言語プロセッサ…58
広域通信回線…119
広域通信網…118
　　→WAN，Wide Area Network
公開鍵…152，153，154
公開鍵暗号方式…152，153，154
公開鍵証明書…154
交換回線…121
交換機…121，122
公共無線LAN…177
高水準言語…90
構造化照会言語…108
　　→SQL，Structured Query Language
構造化データ…181
構内通信回線…119
構内通信網…118
　　→LAN，Local Area Network
項目…98，104
　　→アトリビュート，属性，列，フィールド
コーディング…89，167，168
コード化…26，104
コード番号…104
固定通信…175
個別応用ソフトウェア…56，58
コミュニケーション…5
コンパイラ…89
コンパイラ型言語…91
コンパイル…89　→翻訳
コンパクトフラッシュ…71

コンピュータ…12
　　――の4大装置…55，66
　　――の5大機能…54
　　――の基本機能…12
　　――の種類…16
　　――の素子…15
　　――の歴史…14
コンピュータウィルス…154
コンピュータネットワーク…116，129
　　→ネットワーク
　　――の利点…117

サ

サーバ…17，149
サービス財…140
サブシステム…167，168
算術演算子…93
算術式…93
サンプリング…45
サンプリング周期…45
磁気ディスク…69
磁気テープ…69
磁気ヘッド…70
システム…167，168
システム開発…159
　　――のプロセス…165
　　――の方法論…161
　　――のライフサイクル…159
システムテスト…168
システム方式設計…167　→外部設計
次世代送電網…185　→スマートグリッド
実行サイクル…67
実時間処理…148
　　→即時処理，リアルタイム処理
シフトJIS…37
射影…106
集積回路…15　→IC，Integrated Circuit
集中処理…148
周辺機器…66　→周辺装置
周辺装置…66　→周辺機器
主キー…104
主記憶装置…55，59，60，66，68，80

205

→メモリ
出力…12, 54　→Output
出力装置…55, 61, 66, 72
順次構造…83
消費者間取引…140
　　→CtoC, Consumer to Consumer
情報…5, 6
　　――の単位…24
情報機器…10
情報技術…11
　　→IT, Information Technology
情報システム…146
　　――の開発…159
情報処理…5
情報セキュリティ…151
情報通信技術…10, 11, 173　→ICT, Information and Communication Technology
処理…12, 54　→Process
真空管…14
伸張…47
垂直走査周波数…72
数値定数…93
スーパーコンピュータ…17
スキャナ…72
スケールアウト…182
スケールアップ…182
スター型…120
スタンドアロン…147
スパイラルモデル…164
スマートグリッド…185　→次世代送電網
スマートデバイス…179
スマートフォン…179
制御…54
静止画…41
生体認証…152　→バイオメトリクス認証
セクタ…69
センサ…179
選択…106
選択構造…84
全地球測位システム…178
　　→GPS, Global Positioning System
専用回線…121

送信権…120　→トークン
ソーシャルメディア…137, 184
即時処理…148
　　→実時間処理, リアルタイム処理
属性…104
　　→アトリビュート, 項目, 列, フィールド
ソフトウェア…12, 56
ソフトウェア工学…160
ソフトウェア方式設計…167　→内部設計

タ

第4世代…176　→4G
第4世代（4G）携帯電話…176
大規模集積回路…15
　　→LSI, Large Scale Integration
代入文…91, 93
多機能携帯電話…179
タプル…104　→行, 組, レコード
タブレット…179
単体テスト…168
端末装置…147
蓄積交換方式…122
中央処理装置…16, 55, 66
　　→CPU, Central Processing Unit
超大規模集積回路…15
　　→VLSI, Very Large Scale Integration
ツイッター…137, 138
通信…116
通信回線…116, 119, 121, 147, 174
通信規約…123　→通信プロトコル
通信速度…119　→伝送速度
通信プロトコル…123　→通信規約
　　――の階層…124
通信・放送メディア…7
ディスク…69　→円盤
ディスプレイ…65, 66, 72　→モニタ
ディレクトリ…99, 136
　　→フォルダ
データ…6, 54, 80, 167
データウェアハウス…184
データ解析…183
データ形式…47

206

データ構造…98
データファイル…57
データベース…102，167
　──の目的…101
データベース管理システム…102
　→DBMS，DataBase Management System
データマート…184
テーブル…105
デジタル…22
デジタル財…140
デジタル情報…23
デジタル署名…153，154
デジタル表現…23
デジタル量…22　→離散量
デスクトップパソコン…65
テスト…89，168
デバッグ…89
テラバイト…26　→TB
電気通信事業者…118
電子計算機…14
電子商取引…138　→EC，eコマース
電子データ交換…138
　→EDI，Electronic Data Interchange
電子認証…154
電子メール…136　→e-mail
電子モール…139
伝送効率…119
伝送時間…119
伝送速度…118，119　→通信速度
伝送能力…174
伝送路…120　→ケーブル
動画…44
動画投稿サイト…138
統計解析…183
同時処理…102
盗聴…152
トークン…120　→送信権
トポロジ…120
ドメイン名…132
トラック…69
トランジスタ…15
トランスポート層…124

取引所…139　→マーケットプレイス

ナ

内部設計…167　→ソフトウェア方式設計
流れ図…79　→フローチャート
ナローバンド…174
日本工業規格…35
　→JIS，Japanese Industrial Standards
入出力装置…55，71
入力…12，54，92　→Input
入力装置…55，60，66，71
認証機関…154
ネットショッピング…139
　→オンラインショッピング
ネットワーク…117，148
　→コンピュータネットワーク
ネットワーク・インターフェース層…124
ノイマン方式…15　→プログラム記憶方式，
　プログラム内蔵方式
ノートパソコン…65

ハ

パーソナルコンピュータ…18
　→PC，Personal Computer，パソコン
ハードウェア…12，54
ハードディスク…66，68，69
　→HDD，Hard Disc Drive
バイオメトリクス認証…152　→生体認証
排他処理…103
バイト…26，68　→byte，B
ハイパーテキスト…134
ハイパーリンク…134
ハイブリッドクラウド…177
パケット…122，124
パケット交換方式…122，130
バス…120
バス型…120
パスワード…152
パソコン…15，16，18，65　→PC，Personal
　Computer，パーソナルコンピュータ
　──の構成…66
　──の種類…65

207

パッケージソフトウェア…56
　　→汎用ソフトウェア
バッチ処理…147　→一括処理
ハブ…120
パブリッククラウド…177，180
ハンディスキャナ…72
汎用コンピュータ…15，17
汎用ソフトウェア…56
　　→パッケージソフトウェア
比較演算子…109
光ディスク…69
ピクセル…42　→画素
非構造化データ…181
ビジネスインテリジェンス…183
ビッグデータ…180
ビット…24　→bit，BInary digiT
ビットパターン…26，35
否定…109　→NOT
秘密鍵…152，153
ビュー…105
表現メディア…6
表…103
　　——の関連づけ…104
　　——の構造…104
　　——の種類…105
標本点…45
平文…152
ファイル…57，97，101，167
ファイルシステム…99，182
ファイル処理…100
ファイル名…98
フィールド…98，104
　　→アトリビュート，項目，属性，列
フォルダ…99　→ディレクトリ
復号化…152，153
符号化…45
物財…140
プライベートクラウド…177
ブラウザ…134，151，177
フラッシュメモリ…69，70
フラットベッドスキャナ…72
プリンタ…66，73

フレーム…44
フレームレート…44
フローチャート…79　→流れ図
フローチャート記号…79
ブロードバンドネットワーク…174
　　——の種類…174
プログラミング…88，91，168
プログラミング言語…78，88，89，90，168
プログラム…13，15，54，59，67，78，88，
　　167，168
プログラム記憶方式…15
　　→ノイマン方式，プログラム内蔵方式
プログラム設計…89，167
プログラム内蔵方式…15
　　→ノイマン方式，プログラム記憶方式
プログラムファイル…57
プロトタイプ…162
プロトタイプモデル…162
プロバイダ…131　→ISP，インターネットサ
　　ービスプロバイダ
分散処理…148
分散処理フレームワーク…182
分散ファイルシステム…182
文法…91
並列分散処理…182
ベクタ表現…42
ペタバイト…181　→PB
変数…80，91，92，93
変数名…80，92，93
ポインティングデバイス…71
ホームページ…136
補助記憶装置…55，59，66，68，97
　　——の種類…68
ホストコンピュータ…147
ホストコンピュータシステム…147
ホスト名…132
本体…66
翻訳…88，89　→コンパイル

マ

マーケットプレイス…139　→取引所
マイクロコンピュータ…18　→マイコン

マイクロプロセッサ…16
マイコン…18　→マイクロコンピュータ
マウス…66，71
マルチメディア…48
ミドルウェア…58
無線LAN…176，179
無線LANルータ…176
命令…54，59，67，80，88，91
命令文…91
メーラ…137
メールアドレス…137
メールサーバ…137
メールボックス…137
メガバイト…26　→MB
メガビット毎秒…119　→Mbps
メッセージダイジェスト…153
メディア…6
メモリ…55　→主記憶装置
メモリカード…69，70
メモリスティック…71
文字コード…35
　　──の規格…35
文字の表現…35
モジュール…167，168
モニタ…65，66，72　→ディスプレイ
モバイルWiMAX…176
モバイル通信…176　→移動通信
モバイル無線LANルータ…177
問題解決…2，78

ヤ

ユーザID…152　→ユーザ名

ユーザ認証…151
ユーザ名…152　→ユーザID
ユビキタス技術…177
ユビキタスコンピューティング…173
　　→Ubiquitous Computing
ユビキタスネットワーク社会…173
要件定義…164，166

ラ

ラスタ表現…42
リアルタイム処理…148
　　→実時間処理，即時処理
離散量…22　→デジタル量
量子化…45
リレーショナルデータベース…103，181，182
　　→Relational DataBase，関係型データベース
リング型…120
ルータ…123，176
レーザプリンタ…73
レコード…98，104　→行，組，タプル
レコメンドシステム…183
列…104　→アトリビュート，項目，属性，フィールド
連続量…22　→アナログ量
論理演算子…109
論理積…109　→AND
論理和…109　→OR

ワ

ワークステーション…18
ワクチンプログラム…154

209

〈著者紹介〉

武藤　明則（むとう　あきのり）

愛知学院大学経営学部教授，経営情報システム担当。
1951年　岐阜県生まれ
1974年　京都大学工学部電気工学科卒業
　同年　日本アイ・ビー・エム（株）入社
1997年　名古屋市立大学大学院経済学研究科修士課程修了
1998年　愛知学院大学経営学部助教授，2004年より現職。

〔著書〕
『トヨタショックと愛知経済』（晃洋書房，共著，2011年）
『意思決定のための経営情報シミュレーション（改訂版）』（同文舘出版，共著，2010年）
『現代経営とネットワーク（新版）』（同文舘出版，共著，2009年）
『経営情報システム教科書(補訂版)』（同文舘出版，単著，2012年）
『経営の基礎から学ぶ経営情報システム教科書』（同文舘出版，単著，2014年）

〔論文等〕
「トヨタの製品開発システムと競争力」『オペレーションズ・リサーチ』
　第50巻第9号，2005年，611-615頁。
「製品開発におけるコラボレーションと情報技術」『日本生産管理学会誌』Vol.10, No.2, 2003年，89-94頁。
「自動車産業における新製品開発競争と情報技術」『調査季報』
　2001年5月号，44-66頁。
　　　　　　　　　　　　　　　　　　　　　　　　　　　　　ほか

平成26年3月10日　初版発行　　　　《検印省略》
令和4年4月1日　初版9刷発行　　略称：コンピュータ教科書

ビジネスのためのコンピュータ教科書

　　　　著　者　　武　藤　明　則
　　　　発行者　　中　島　治　久

発行所　同文舘出版株式会社

東京都千代田区神田神保町1-41　〒101-0051
電話　営業 (03)3294-1801　編集 (03)3294-1803
振替 00100-8-42935　http://www.dobunkan.co.jp

© A. MUTOH　　　　　　　　　　印刷：萩原印刷
Printed in Japan 2014　　　　　　製本：萩原印刷

ISBN 978-4-495-38301-5

JCOPY 〈出版者著作権管理機構 委託出版物〉
本書の無断複製は著作権法上での例外を除き禁じられています。複製される場合は，そのつど事前に，出版者著作権管理機構（電話 03-5244-5088, FAX 03-5244-5089, e-mail: info@jcopy.or.jp）の許諾を得てください。